100 maneiras de Simplificar sua vida

JOYCE MEYER

100 maneiras de Simplificar sua vida

Belo Horizonte

Diretor
Lester Bello

Autora
Joyce Meyer

Título Original
100 Ways to Simplify Your Life

Tradução
Elizabeth Jany / Idiomas & Cia

Revisão
Idiomas & Cia / Clarisse Cintra / Ana Lacerda

Diagramação
Julio Fado
Ronald Machado (Direção de arte)

Design capa (adaptação)
Fernando Rezende
Ronald Machado (Direção de arte)

Impressão e Acabamento
Promove Artes Gráficas

BELLO PUBLICAÇÕES

Rua Vera Lúcia Pereira, 122
Goiania - CEP 31.950-060
Belo Horizonte/MG - Brasil
contato@bellopublicacoes.com.br
www.bellopublicacoes.com.br

Primeira Edição — Agosto 2010
3ª Reimpressão — Julho 2015

Todas as citações bíblicas, salvo indicação contrária, foram extraídas da *Bíblia Sagrada, Nova Versão Internacional,* Editora Vida, 2000. Outras versões utilizadas: RA (Almeida Revista e Atualizada, SBB), RC (Almeida Revista e Corrigida, SBB), NTLH (Nova Tradução da Linguagem de Hoje, SBB) e ABV (A Bíblia Viva, Mundo Cristão).
Publicação em acordo com as orientações do NOVO ACORDO ORTOGRÁFICO DA LÍNGUA PORTUGUESA, em vigor desde janeiro de 2009.

Dados Internacionais de Catalogação na Publicação (CIP)

Meyer, Joyce
M612 100 maneiras de simplificar sua vida / Joyce Meyer; tradução de Elizabeth Jany / Idiomas e Cia. – Belo Horizonte: Bello Publicações, 2015.
216p.
Título original: 100 ways to simplify your life.

ISBN: 978-85-61721-61-9

1. Comportamento – Modificação - Aspectos religiosos. 2. Atitude. 3. Conduta. 4. Técnicas de auto-ajuda. I. Título.

CDD: 234.2
CDU: 230.112

Sumário

Introdução

Todo ser humano tem aqueles dias em que parece não ter feito nada, exceto, talvez, o que acrescentou à sua já longa lista de afazeres. Você está cansado a maior parte do tempo? Está esgotado? Você se vê desejando um dia melhor — um dia mais simples? Muitas coisas contribuem para os seus limitados recursos de atenção, energia e tempo. Você pode estar se sentindo sufocado e nem sequer saber disso. Se você se sente assim, não está sozinho.

A maioria das pessoas hoje em dia tem vidas complicadas que as deixam frustradas, confusas, cansadas e esgotadas. Mas eu tenho uma boa notícia: sua vida não tem de ser dessa maneira. Você pode optar por uma vida de simplicidade, produtividade, paz e alegria. Quero avisá-lo, no entanto, que, a menos que você esteja determinado, acabará fazendo o que todo mundo faz. Será sugado pelo sistema e passará a vida desejando que as coisas fossem diferentes, sem nunca perceber que você é, na verdade, a única pessoa que pode mudar as coisas. A menos que estejamos decididos e continuemos firmes na busca da simplicidade, estaremos destinados a uma vida cheia de complicação e frustração.

Lembro-me de um tempo em que estava reclamando com Deus por minha agenda ser absolutamente maluca. Como alguém poderia esperar fazer tudo o que eu tinha na minha frente? Então, me veio a compreensão de que eu era a única que fazia a minha agenda e ninguém poderia mudá-la além de mim. Vocês podem passar suas vidas desejando que as coisas sejam diferentes, mas desejar não irá mudar nada. Tomar uma decisão inteligente e agir é o que muda as coisas. Se você pegou este livro buscando mudança, está disposto a tomar uma decisão e complementá-la com ação?

Perdi muitos anos *esperando* que a vida mudasse e as coisas se acalmassem até que finalmente percebi que a vida não muda sozinha, aliás, ela tem potencial para ficar pior. Compreendi que minha única opção concreta era mudar minha abordagem perante a vida. Tive de dizer não a mais um dia de correria e sensação de frustração. Eu não queria que o médico me desse mais uma receita para mascarar outro sintoma do verdadeiro problema — o estresse.

Em minha busca pela simplicidade, descobri que a vida pode nunca chegar a ser simples, a menos que eu aprenda a abordar todas as coisas de maneira simples. É a minha atitude para com cada evento na vida que determina quão fácil ou complexa cada situação será. Talvez a vida seja complicada porque as pessoas são complicadas. É possível que a vida *não* seja complicada, porém as pessoas a compliquem pela forma que têm de abordá-la?

Descobri que não era realmente a vida ou as circunstâncias ou as outras pessoas que precisavam mudar — era eu. Meu problema não era o problema — o problema era eu! Quando você passa sua vida frustrado, tentando mudar o mundo e todos que estão nele, não consegue perceber que só é necessário mudar sua forma de abordar a vida. Pode ser muito fácil alguém viver toda uma existência e nunca ter noção de que a forma como faz as coisas é que é o verdadeiro problema.

Alguma vez você já tentou receber amigos durante uma tarde em que pretendia inicialmente que fosse um simples momento de companheirismo, comida e diversão, porém, de alguma forma, acabou se transformando em um complicado pesadelo? Lembro-me daqueles dias nitidamente. Eu estava na igreja no domingo e, sem planejar muito, convidei mais três casais para um churrasco no domingo seguinte. Meu pensamento inicial era fazer cachorros-quentes e hambúrgueres na grelha, feijão, batatas fritas e chá gelado. Minha motivação era um encontro de diversão, mas na hora que os convidados chegaram eu nem queria que eles estivessem lá. Não iria haver diversão nenhuma, pelo menos não para mim. Por quê? Transformei minha reunião informal em um pesadelo com a preparação, alimentos caros e quatorze pessoas, em vez das seis iniciais. Minha complicada abordagem da vida e meu complexo modo de pensar me convenceram de que cachorros-quentes e hambúrgueres não eram bons o bastante, por isso comprei bifes que não podíamos pagar. As batatas fritas se transformaram em uma enorme tigela de salada de batatas caseira. O simples feijão cozido se transformou em quatro pratos de acompanhamento, que me fizeram trabalhar muito mais.

Insegura e querendo impressionar a todos, tive de passar a semana limpando a casa e deixando tudo no ponto em que eu pensava que seria deslumbrante. É claro que as cadeiras do gramado estavam muito velhas, de forma de comprei outras novas. Fiquei com raiva de Dave, porque achei que ele não estava me ajudando o bastante e, na hora em que nossos amigos chegaram, gostaria que não tivessem vindo e tive um dia péssimo, fingindo ser uma anfitriã feliz, quando, na realidade, estava frustrada e extremamente infeliz.

Não conseguia descobrir por que não era capaz de desfrutar muita coisa da vida até que Deus me revelou que eu estava matando minha alegria com a complicação. Durante anos orei para que Deus mudasse as circunstâncias e pessoas ao meu redor, quando, na realidade, Ele queria mudar a mim mesma e minha abordagem da vida. Ele queria que eu simplificasse as coisas de tal forma que, ao fim, Ele pudesse ser glorificado.

Deixe-me compartilhar com vocês 100 maneiras de abordar a vida que podem simplificá-la e, consequentemente, liberar e aumentar sua alegria. Acredito que elas irão melhorar imensamente a qualidade de sua experiência cotidiana se você incorporá-las ao seu jeito de fazer as coisas. Jesus disse que veio para que possamos ter e desfrutar da nossa vida em abundância (veja João 10:10). Seus princípios são simples. A fé é simples! Confiar em Deus é simples! Ser como uma criança diante Dele é simples! O plano de salvação é simples!

Jesus nos oferece uma "nova maneira de viver", e acredito que é uma maneira simples e poderosa que nos permite usufruir da vida diária. Você está pronto para simplificar sua vida? Está pronto para dizer adeus às complexidades que tem permitido que tomem conta de sua vida? Então, vamos começar.

100 maneiras de Simplificar sua vida

Faça Uma Coisa de Cada Vez

"A sensação de estar apressado geralmente não é causada por uma vida plena e pela falta de tempo. Pelo contrário, nasce de um vago temor de que estamos desperdiçando nossa vida. Quando não estamos fazendo aquela coisa especial que deveríamos estar fazendo, não temos tempo para mais nada — somos as pessoas mais ocupadas do mundo."

— ERIC HOFFER

Tendo os olhos fitos em Jesus, autor e consumador da nossa fé. Ele, pela alegria que lhe fora proposta, suportou a cruz, desprezando a vergonha, e assentou-se à direita do trono de Deus.

— *Hebreus 12:2*

Quando realizamos as coisas sem realmente nos concentrarmos nelas, imediatamente diminuímos nossa força para fazer o trabalho e fazê-lo bem. Ao colocar nossas mãos em uma coisa e a nossa mente em outra, dividimos a força por trás de nossas habilidades e tornamos a tarefa muito mais difícil. É como separar a clara e a gema de um ovo — ambos podem ser utilizados separadamente, mas o resultado não é tão eficaz (ou saboroso) como seria se deixássemos o ovo inteiro. No entanto, quando dirigimos todas as nossas faculdades para a única coisa que estamos fazendo em um determinado dia, naquela hora, naquele momento, achamos muito mais fácil de fazer. A capacidade de se concentrar e ficar atento só pode vir da disciplina.

O apóstolo Paulo nos diz em Filipenses 4:6 para não andarmos ansiosos por coisa alguma. As pessoas ansiosas estão sempre tentando viver à frente de onde se encontram no momento. Passam hoje tentando decifrar o amanhã e o resultado é a perda da simplicidade. Deus espera que confiemos Nele com relação ao amanhã exatamente como instruiu os israelitas quando cruzaram o deserto estéril, apressando-se em direção à Terra Prometida.

Habitue-se a viver um dia de cada vez, entregando a si mesmo — seus pensamentos, conversas, energias, cada parte de você — ao dia que se inicia. Desenvolva a capacidade de se entregar àquilo que está fazendo. Você perceberá uma compreensão que lhe permitirá desfrutar da atividade do momento, em vez de passar o dia todo em uma desorganização de atividades e pensamentos confusos que o deixam esgotado e exausto.

Você tem medo de não conseguir realizar muita coisa se tentar viver desta maneira? Realmente você poderá não fazer tantas coisas, mas também irá desfrutar *muito mais* do que você *conseguir completar.* Uma chave para a simplicidade é perceber que a qualidade é muito superior à quantidade.

Contente-se com o que Você Tem

"Contentamento não é o cumprimento do que você deseja, mas a realização com o que você já tem."

— Autor desconhecido

Conservem-se livres do amor ao dinheiro e contentem-se com o que vocês têm, porque Deus mesmo disse: "Nunca o deixarei, nunca o abandonarei."

— *Hebreus 13:5*

A riqueza de nossa cultura ocidental criou uma epidemia de cobiçar o que todo mundo tem. As pessoas desejam mais e mais, contudo não valorizam o que já possuem. Uma pessoa simples é uma pessoa satisfeita; ela não deseja mais nada, mas desfruta inteiramente do que possui. Confia que o *mais* virá no seu devido tempo.

Será que o "mais" realmente tem a capacidade de nos fazer felizes, como o mundo quer que acreditemos? A resposta é não! Na verdade, quanto mais possuirmos, mais trabalho teremos para cuidar disso. Podemos pensar que o "mais" torna a vida mais fácil, mas, na realidade, muitas vezes complica o cotidiano. O décimo mandamento nos diz para não cobiçarmos; não devemos desejar o que os outros têm. Paulo diz em Filipenses 4:11 que aprendeu a se contentar, não importa em qual circunstância estivesse. Ouvir essa afirmação me faz lembrar da simplicidade e me conforta.

Não há nada de errado em possuir coisas, mas é errado cobiçá-las. Quando sentimos que não podemos ser felizes sem alguma coisa, estamos cobiçando-a. Devemos desenvolver o hábito de pedir a Deus o que nós queremos, e creio que Ele irá nos dar, se e quando for correto. Esta abordagem simples da vida nos liberta para que a *desfrutemos*. A vida é a viagem, não o destino. Aqueles que querem aproveitar a vida devem aprender a aproveitar a viagem, que é cheia de espera. Com o tempo, chegamos ao nosso destino, apenas para começar de novo uma nova viagem para um outro lugar, portanto, não apreciar a viagem é nunca apreciar a vida. Tome uma decisão de começar a desfrutar inteiramente do que você tem. Agradeça a Deus por isso e contente-se com o que você possui.

3 Mantenha Deus em Primeiro Lugar

"A vida do homem é de Deus, não de seus bens, contudo, eles podem ser abundantes."

— HENRY ALFORD

Farei de você um grande povo, e o abençoarei. Tornarei famoso o seu nome, e você será uma bênção.

— *Gênesis 12:2*

Tenho lido muitos livros que ressaltam que uma pessoa não pode ser próspera e simples ao mesmo tempo. Este ensinamento me incomoda porque acredito que é vontade de Deus que Seu povo seja próspero em todas as áreas de suas vidas, incluindo as finanças e bens materiais. O Salmo 35:27 diz que Deus tem prazer na prosperidade do Seu povo. Não encontrei nenhum texto bíblico que diga que Ele fica contente quando o Seu povo não tem suas necessidades satisfeitas.

É verdade que a Bíblia diz que é difícil um homem rico entrar no Reino dos céus (ver Mateus 19:23), mas não é impossível. O dinheiro pode desviar nossa atenção para longe de Deus e de Sua vontade, mas isso não é uma regra. Não devemos ter medo da abundância, ao contrário, devemos aprender a lidar com ela apropriadamente. Se mantivermos uma atitude correta com relação às coisas materiais e ao dinheiro, eles podem ser usados para abençoar muitas pessoas.

No campo da religião, muitas vezes parece mais fácil dizer às pessoas que se abstenham totalmente das coisas em vez de tentar ensiná-las a evitar excessos. Eu me recuso a fazer isso porque Deus nos criou e nos deu todas as coisas para que as desfrutemos. Podemos desfrutar da abundância sem nos afastarmos de Deus e sem nos tornarmos gananciosos. Podemos ser prósperos e ainda conservar Deus em primeiro lugar em nossa vida.

Que sentido faria dizer que eu me recuso a comer porque tenho medo de que poderia vir a comer em excesso? Ou que me recuso a dormir, porque poderia dormir demais? Não faria nenhum sentido, assim como não faz sentido dizer que vou fazer um voto de pobreza para evitar que o dinheiro seja uma tentação na minha vida. Deixe-me dizer isto novamente: dinheiro e posses não representam o problema, uma atitude desequilibrada para com eles é que pode se tornar o problema! Creio que Deus quer que tenhamos tudo o que consigamos controlar, desde que continuemos a colocá-lo em primeiro lugar em nossa vida.

Prosperidade e abundância só se tornam um problema quando nós permitimos que sejam nossos donos em vez de nós sermos os seus donos. Devemos usar nossos bens para abençoar as pessoas — tendo o cuidado para não cair na armadilha de usar as pessoas para conseguir mais "coisas." Dinheiro é um problema somente se o acumularmos. A Bíblia nunca diz que o dinheiro é um problema, ela afirma que o amor ao dinheiro é um problema. Aprenda a ser um canal, e não um reservatório. Deixe as coisas fluírem a você e depois através de você. Deus disse a Abrão que Ele iria abençoá-lo e torná-lo uma bênção (ver Gênesis 12:2).

Dar aos outros não é apenas uma fonte de alegria na vida deles, pode ser a sua alegria também. Na verdade, quanto mais você dá, mais feliz você é. Quanto mais você dá, mais você *terá* para dar porque Deus procura pessoas em que Ele possa confiar dinheiro. Ele olha para as pessoas que podem ter dinheiro sem que se tornem gananciosas e egoístas. A principal pergunta que devemos fazer a nós mesmos regularmente é: "Qual é minha atitude para com o dinheiro e as posses?" É Deus ou o dinheiro que vem em primeiro lugar na minha vida?

Creio que nunca terei coisas demais se sou verdadeiramente guiada pelo Espírito de Deus. Ele corta regularmente todo supérfluo de minhas posses colocando continuamente pessoas na minha frente que precisam ou desejam algo que tenho em abundância. A Bíblia nos ensina que se tivermos duas túnicas ou casacos e outra pessoa não tiver nenhum, devemos lhe dar um dos nossos (ver Lucas 3:11).

Na minha busca pessoal pela simplicidade, acredito que ser uma bênção para os outros é uma das coisas mais simples que posso fazer para aumentar a minha alegria, assim como a alegria dos outros. Na realidade, encorajo as pessoas a procurar ativamente formas de dar, porque a Bíblia diz que é mais abençoado dar do que receber (ver Atos 20:35). Deus fica satisfeito quando encontra alguém que Ele pode abençoar generosamente, pois irá mantê-lo em primeiro lugar e usar o que tem para abençoar os outros.

Viva para glorificar a Deus

"A maioria dos homens parece viver para si, sem levar muito em conta a glória de Deus ou o bem de seus semelhantes."

— David Brainerd

Assim, quer vocês comam, bebam ou façam qualquer outra coisa, façam tudo para a glória de Deus.

— *1 Coríntios 10:31*

É importante mostrar a glória de Deus em sua vida, não apenas através de suas palavras ou obras espirituais. Comece vendo as rotinas diárias normais como algo feito por Deus, não algo para você dar um visto e tirar de sua lista. Ao fazer isso, você poderá buscar a Deus no meio de coisas que *você* acha que são santas. Tudo na vida é santo se vivido para o Senhor. Colossenses 3:23 nos ensina a "fazer tudo de todo o coração, como para o Senhor, e não para os homens"

Deus nos atribui as tarefas normais da vida, assim como as atividades espirituais como oração, estudo bíblico e boas obras. Ele nos fala através de Sua Palavra para trabalhar, pagar nossas contas, cuidar de nossas casas e corpos, ter comunhão com outros crentes, desfrutar de nosso alimento, descanso e diversão. Quando começamos a ver cada atividade como algo feito para o Senhor e para a Sua glória, a vida se torna simples. Não nos deixamos envolver naquilo que estamos tentando realizar — estamos simplesmente sendo aquilo que Deus nos criou para ser.

A separação entre o que é sagrado e o que é secular faz com que tenhamos vidas incoerentes, sempre nos apressando com as coisas que vemos como mundanas, a fim de chegar às atividades espirituais porque sentimos que Deus se agrada delas. Como podemos "orar sem cessar" sem percebermos que tudo na vida que exalta a Deus se torna uma oração, um tipo de intercessão viva?

Se eu quiser ter uma boa aparência para que possa glorificar a Deus, então o meu exercício, e o tempo que gasto arrumando meu cabelo e me vestindo de uma forma que seja agradável aos olhos se tornam uma coisa santa. Se o meu motivo for vaidade — se a única razão pela qual faço isso é para mim mesma e para que eu possa tirar proveito disso — então as minhas ações não são santas. Coisas santas são aquelas dedicadas a Deus. Se eu me ofereci a Deus, se lhe dei a minha vida, todos os meus sentimentos e habilidades, todas as minhas posses, então tudo de mim e de minha vida são santos, não é? Tudo o que fazemos é santificado se for feito para Ele.

Você sabia que Deus realmente se refere aos seus filhos como santos? Isso não significa que todo nosso comportamento pode ser classificado como santo ou que nunca cometemos erros, mas Deus nos vê através do sangue e sacrifício de Jesus. Ele nos vê como justos quando realmente colocamos nossa fé e confiança em Seu Filho (ver 2 Coríntios 5:21). Quando dedicamos nossas vidas a Ele e nos esforçamos diariamente para agradá-lo em todas as coisas, então todas as coisas se tornam santas. São as atitudes que demonstramos em nosso coração que são mais importantes para Deus.

O que torna a vida simples é ter um relacionamento íntimo com Cristo; seguindo Seus princípios, amando-o pelo que Ele é e não apenas por aquilo que Ele pode fazer por nós — essas coisas preservam a vida tranquila e descomplicada. Comece a ver a vida como um todo, e não algo com muitas partes divididas, sendo que algumas são adequadas para Deus e outras não. Se qualquer parte de minha vida não for apropriada para o Senhor, então não é apropriada para mim e deve ser eliminada. Comece retirando as partes de sua vida que você mantém ao seu redor, voltadas somente para você mesmo, assim você terá mais espaço para as partes que glorificam e honram a Deus. Deixe-as crescer e florescer e veja como tudo se torna fácil.

Não se Preocupe com o Amanhã

"Qualquer preocupação pequena demais para ser transformada em uma oração é pequena demais para se tornar um fardo."

— Corrie Ten Boom

Portanto, não se preocupem com o amanhã, pois o amanhã trará as suas próprias preocupações. Basta a cada dia o seu próprio mal.

— *Mateus 6:34*

Deus deu o maná aos israelitas um dia de cada vez. Eles não tinham permissão para armazenar nada para um outro momento. Quando obedeciam a essa instrução, mostravam fé e confiança em Deus e na Sua promessa de ser sua provisão diária. Caso acumulassem mais do que o suficiente para um dia, o maná tornava-se podre e cheirava mal. Muitas pessoas dizem que têm uma "vida podre e fedorenta." Imagino que elas não querem dizer com isso que fedem — creio que, na verdade, estão dizendo que assumiram muito — muito trabalho, muita responsabilidade, muitas coisas para pensar e é *tanto* que não têm onde colocar e muito é desperdiçado. Estão complicando o dia de hoje ao tentar acumular provisão para amanhã.

Em Mateus 6:25-31, Jesus ensina a não nos preocuparmos com o dia de amanhã, mas nos incentiva a acreditar que se Deus cuida dos pássaros e das flores, certamente cuidará de nós. Cada dia possui tudo o que podemos conduzir; não precisamos nos preocupar com nada além do dia de hoje. Este é o dom da graça — Deus nos dá poder e capacidade suficiente para tratar com sucesso o que quer que aconteça em nosso caminho a cada dia. Mas Ele não nos dará hoje a graça de amanhã.

Quando pensamos no futuro com todas as suas perguntas não respondidas e circunstâncias ameaçadoras, podemos nos sentir muito sobrecarregados. Nosso Pai celestial não nos dá um suprimento extra de graça para pensar sobre os problemas de amanhã e ainda manter a paz de espírito e alegria. Fazer isso seria encorajar nossa preocupação, ansiedade e fazer com que nos perturbemos com inquietações que não estão necessariamente prontas para nossa atenção. Deus nos diz o que fazer com nossas ansiedades: lançá-las sobre Ele, e Ele cuidará de nós.

Tentar viver hoje o amanhã complica a vida. Quando os discípulos pediram a Jesus para ensiná-los a orar, uma das coisas que Ele lhes disse foi para pedirem a Deus Pai o pão *diário*. Ele estava falando sobre mais do que o tipo de pão que se pode comer em uma refeição; estava falando de tudo que seria necessário para suprir suas necessidades humanas. Torne a vida simples e viva um dia de cada vez. Não tenha medo do futuro, porque o que você precisa para lidar com o amanhã só pode vir amanhã. É impossível lidar hoje com os problemas de amanhã. Coloque sua confiança em Deus e permita-se desfrutar da vida simples.

6 Não Viva no Passado

"Você constrói sobre o fracasso. Usa-o como um trampolim. Feche a porta para o passado. Não tente se esquecer dos erros, mas não habite neles. Não permita que retenham sua energia nem seu tempo ou seu espaço."

— Johnny Cash

Esqueçam o que se foi; não vivam no passado.

— Isaías 43:18

Em Filipenses 3:13, o apóstolo Paulo diz que algo que ele realmente se esforçou para fazer foi "esquecer-se das coisas que ficaram para trás" — deixar para trás o que já passou. Creio que Paulo tentou corrigir os erros anteriores e descobriu o quanto era complicado e impossível tentar fazer isso. Há apenas uma coisa que podemos fazer com o passado, entregá-lo a Deus! Quando deixamos que Deus tome nossas confusões e as transforme em milagres, Ele é capaz de usar os nossos erros para o nosso bem maior se confiarmos Nele para fazer isso.

Isaías 61:3 diz que Ele nos dará "glória em vez de cinzas", mas encontro um monte de pessoas que quer manter suas cinzas, as cinzas do passado, como lembretes de seus defeitos e falhas. Decida abandonar suas cinzas ou isso será tudo o que você terá. Cada dia é um novo dia com enormes possibilidades: uma nova vida, novas esperanças e novos sonhos. Não podemos, no entanto, nem mesmo *enxergar* as possibilidades de hoje se ficarmos arraigados nos erros e nas decepções do passado. Largue as coisas que ficaram para trás e avance para as que estão adiante.

É imprescindível tirar nossa mente do passado a fim de ver o bom plano de Deus para hoje. Abraão foi um homem que perdeu muitas coisas. Ele deu ao seu sobrinho Ló a melhor parte do vale do Jordão, a fim de evitar conflitos, ficando com muito menos do que possuía anteriormente. Ele poderia ter ficado cheio de autopiedade e desânimo, mas, em vez disso, ouviu a Deus, que lhe disse o seguinte:

Disse o Senhor a Abrão, depois que Ló separou-se dele: "De onde você está, olhe para o norte, para o sul, para o leste e para o oeste: toda a terra que você está vendo darei a você e à sua descendência para sempre".

Gênesis 13:14-15

Talvez você precise voltar os olhos para cima e ao redor, em vez de para trás e para baixo. Erga seus olhos e veja o futuro maravilhoso que surge com esperança para você em Deus! Não desperdice sua vida inteira lamentando o que perdeu e que já se foi; faça um inventário do que você deixou para trás e siga em frente, um pé na frente do outro, um passo de fé de cada vez. Lembre-se de que Deus está do seu lado!

Aprenda a Dizer Não

"A arte da liderança é dizer não; não é dizer sim. Dizer sim é muito fácil."

— Tony Blair

Seja o sim de vocês, sim, e o não, não, para que não caiam em condenação.

— *Tiago 5:12*

As pessoas não gostam da palavra não, não é? Elas sorrirão de orelha a orelha quando você disser sim para alguma coisa, mas você não verá muitos sorrisos quando elas ouvirem-no dizer não. É natural querer ser amado e aceito — todos nós queremos isso — mas essa tendência torna muito fácil cair na armadilha de ser alguém que precisa agradar as pessoas. No entanto, isso complica muito a vida, porque diferentes pessoas querem e esperam uma variedade de coisas de nós como indivíduos. Já ouviu a frase "Você não pode agradar todas as pessoas o tempo todo"? As pessoas que tentam agradar os outros descobrem rapidamente que para dar a todos tudo que desejam e conseguir um resultado final que os deixe felizes é necessário, em alguma parte ao longo do caminho, pagar um alto preço — nós pagamos e perdemos a nós mesmos.

Deus criou cada um de nós de uma forma única; somos pessoas que têm o direito de viver nossa própria vida. Isso não significa que nunca ajustaremos e adaptaremos a nós mesmos, e os nossos desejos, a fim de ajudar ou fazer os outros felizes, mas realmente significa que não podemos continuar a agradar as pessoas à custa de agradar a Deus. Ele não fica satisfeito quando deixamos de cumprir nosso próprio destino porque estamos vivendo uma vida frustrada, tentando manter todos ao nosso redor contentes, mas ignorando Seu desejo para nós.

Pessoalmente tenho lutado muito com isso. Por ter sofrido abuso sexual quando criança, cresci me sentindo muitas vezes abandonada e desvalorizada. Odiei tanto a dor emocional da rejeição que precisava desesperadamente de aceitação e estava disposta a pagar praticamente qualquer preço para obtê-la. Não levei muito tempo para descobrir, no entanto, que dizer sim, quando eu realmente queria dizer não, era um roubo em minha própria vida. Fiquei magoada justamente com aqueles que eu estava tentando agradar, e aprendi ao longo do tempo que eles não eram realmente amigos de verdade.

As pessoas que estão dispostas a estar satisfeitas com você apenas quando podem controlá-lo estão *usando você*. Permitir-lhes fazer isso não apenas irá magoá-lo, mas, em última análise, irá magoar essas pessoas também. Infelizmente, a maioria das pessoas irá fazer tudo o que nós lhes permitirmos fazer; esta parece ser a natureza do homem carnal. Uma confrontação santa e uma recusa a ser controlado pelas pessoas é saudável para todos os envolvidos e, com o tempo, constrói grandes relacionamentos que sejam justos para ambas as partes.

Tome uma decisão de agradar a Deus acima de tudo. Coloque Sua vontade antes de sua própria e à frente da vontade de outras pessoas. Se você realmente sente em seu coração que Deus quer que você diga *sim*, diga e fique firme, mas se sentir que Ele está orientando você a dizer *não*, então diga *não* e fique firme também. Deus sempre dá a graça e tudo mais que for necessário para nos possibilitar fazer tudo o que Ele nos pede para fazer — Ele nos dá as ferramentas para dizer "não" com facilidade e simplicidade. Complicação e luta, apenas por sua simples presença em nossa vida, muitas vezes podem indicar que estamos fora da vontade de Deus. Se o nosso coração disser *não*, enquanto nossa boca diz *sim* por medo da rejeição, não podemos esperar que Deus nos ajude. Ele não é obrigado a terminar nada que não iniciou.

Você não está sozinho enquanto aprende a dizer *não*. Peça a Deus Sua força e sabedoria sobrenaturais para orientá-lo a tomar uma decisão mais simples e se sentir confiante por estar seguindo Sua direção.

8 Seja Você Mesmo

"Ser você mesmo em um mundo que está constantemente tentando fazer de você outra coisa é a maior realização."

— Ralph Waldo Emerson

Cada um examine os próprios atos, e então poderá orgulhar-se de si mesmo, sem se comparar com ninguém.

— *Gálatas 6:4*

Durante muitos anos de minha vida, tentei ser como as outras pessoas. Tentei orar como elas, agir como elas e até mesmo olhar como elas. Depois de muitos anos de infelicidade e de luta, finalmente percebi que Deus nunca iria me ajudar a ser alguém além de mim mesma. Havia uma razão por Ele ter me feito do jeito que sou e não como outra pessoa. É muito complicado tentar ser outra pessoa, e não há absolutamente nada programado em nós que nos dê a habilidade para fazer isso. É muito mais fácil e muito mais simples ser apenas nós mesmos — Deus nos mostra como fazer isso porque é a Sua vontade.

Você não tem de se comparar ou competir com alguém ou qualquer outra coisa, e isso, meus amigos, é a verdadeira liberdade. Jesus veio para libertar as pessoas em muitos aspectos e este é um deles. Quero dizer mais uma vez, você não tem de comparar a si mesmo ou qualquer coisa a seu respeito com outras pessoas, não tem de competir para ser como elas ou melhor do que elas (ver 2 Coríntios 10:12). Tudo o que Deus espera é que tentemos ser o melhor que podemos ser. Eu sempre digo: "Ele quer que eu seja o melhor que posso ser." Desde que percebi isso, tenho crescido a passos largos.

Podemos olhar para os outros como exemplos e até mesmo sermos provocados por outras pessoas a trabalhar mais em várias áreas do nosso comportamento. Mas não devemos permitir que ninguém, exceto Jesus, seja o nosso modelo. Paulo disso às pessoas a quem ministrou para seguirem-no como ele seguia a Cristo. Ele disse que era um exemplo para elas, mas nunca lhes disse que tinham de ser especificamente iguais a ele.

Aprenda como você pode ficar à vontade com os outros e ser apenas você mesmo. Se eles o rejeitarem, estão rejeitando o que Deus criou, não o que você criou. Naturalmente, todos nós temos áreas que podemos melhorar, mas só Deus pode fazer a mudança, e Ele a realiza do Seu jeito e no Seu tempo. Às vezes nos sentimos tão mal com relação a *quem* somos que criamos uma personalidade falsa para mostrar ao mundo. É geralmente quando temos problemas nos relacionamentos. Mas quando começamos a experimentar a liberdade de ser simplesmente o que Deus nos criou para ser, a unção de Deus está presente e nos dá graça para com as pessoas. Aprendi a parar de tentar fazer com que as pessoas gostassem de mim e comecei a confiar em Deus para me dar "relacionamentos divinos".

Tenho de dizer: "Gosto de mim por mim mesma", e, portanto, outras pessoas gostam de mim; talvez não todas, mas há muitas que gostam e elas me mantêm bastante ocupada. Se você decidir aceitar e gostar de si mesmo como você é e como Deus o fez, vai encontrar mais aceitação e menos rejeição.

Opte por Qualidade e não Quantidade

"É a qualidade, não a longevidade da vida de uma pessoa, que é importante."

— Martin Luther King Jr.

Para discernirem o que é melhor.

— *Filipenses 1:10*

Houve uma época em que a sociedade era muito mais simples do que é hoje. Quando tiramos um momento para olhar para trás para aqueles dias, percebemos também que eram tempos em que as pessoas estavam mais preocupadas com a qualidade do que com a quantidade. Ter mais não é sempre melhor — é, muitas vezes, pior. Tendemos a comprar roupas mais baratas, para que possamos ter mais roupas, então ficamos frustrados porque elas encolhem ou desbotam ou não duram como nós pensávamos que durariam. Ter muitas roupas também pode fazer com que se vestir seja complicado. Como um homem disse: "Nunca tive qualquer problema para fazer as malas para uma viagem quando tudo o que eu tinha era um terno marrom e um azul. Simplesmente colocava-os na mala e alternava-os durante a viagem. Agora que tenho um armário cheio de roupa, fazer as malas se tornou um calvário complicado e leva muito tempo para decidir o que combina com o quê".

Se optarmos por comprar produtos de qualidade, tais como eletrodomésticos e móveis, mesmo quando isso significa ter menos coisas por um tempo, nós realmente economizamos tempo na manutenção necessária. Produtos de qualidade inferior quebram com mais frequência e se desgastam mais rapidamente. Quanto mais temos de lidar com a vida, mais complicada ela se torna.

Recentemente, Deus falou ao meu coração, dizendo-me para não fazer coisa alguma que não necessitasse realmente fazer. Se outra pessoa pode fazer isso — deixe que ela faça! Compreender isto me ajudou na busca por simplificar minha vida. Nossa vida não pode ser simplificada até que tenhamos uma quantidade menor de coisas para fazer. Estou determinada a encontrar maneiras de lidar com menos coisas e ainda assim permanecer produtiva em minha vida.

Podemos comprar um carro por causa de sua boa aparência; contudo, obtemos má qualidade e perdemos muito tempo levando-o à oficina. Ou podemos perder tempo correndo por toda a cidade tentando conseguir um preço mais baixo de um produto, e, na realidade, perder mais em tempo do que seria gasto em dinheiro. Qual é o valor do seu tempo? O meu é muito valioso para mim. Estou disposta a comprar um produto de qualidade superior, se me poupar tempo.

Desenvolva o hábito de comprar o produto de melhor qualidade que você puder obter com o dinheiro que tem disponível. Não pense que mais é sempre melhor, é um engano. Eu prefiro comprar um produto de boa qualidade em vez de três ou quatro produtos medíocres ou inferiores.

10 Recuse-se a Começar o que Não Pode Concluir

"Valorizamos a capacidade dos homens pelo que eles concluem, não pelo que tentam fazer."

— Autor desconhecido

Qual de vocês, se quiser construir uma torre, primeiro não se assenta e calcula o preço, para ver se tem dinheiro suficiente para completá-la?

— *Lucas 14:28*

Vários projetos inacabados confundem nossa mente e nossa vida. Gritam continuamente para que os terminemos, nos condenam e zombam de nós. Quanto mais tempo levamos para completá-los, pior nos sentimos a nosso próprio respeito. Ninguém consegue tentar fazer diversas coisas e executar qualquer uma delas bem. Temos limitações e não devemos ter medo de enfrentá-las. Deus não é limitado e, na verdade, cada um de nós que coloca a fé Nele pode fazer qualquer coisa que Ele nos leve a fazer. No entanto, Deus não leva as pessoas a começar as coisas e não terminá-las.

Deus começou a boa obra em cada um de nós e vai continuar trabalhando até o dia da volta de Cristo, completando e aperfeiçoando essa boa obra (ver Filipenses 1:6). Alguns projetos são de curto prazo e outros levam mais tempo — as pessoas impacientes geralmente não finalizam os de longo prazo. A maturidade espiritual, por exemplo, requer paciência. Nós não mudamos do dia para a noite. Há muitas pessoas que abandonam a fé porque não conseguem arranjar um atalho rápido. Desejam o sucesso imediato e realmente não existe algo assim.

Conheço pessoas que começam todo projeto novo com uma abundância de energia emocional, mas quando passa o efeito da novidade, elas o abandonam ou deixam para que uma outra pessoa o finalize ou o projeto fica simplesmente sem término. Coisas novas são sempre emocionantes, mas o que dizer depois que acabam todos os aplausos e a animação da momentânea emoção inicial? Quem ainda está em torno delas, então? Somente aquelas que consideraram as consequências e que sabiam, desde o começo, que haveria muitas fases que teriam de atravessar diferentes daquelas emocionantes do início. Aqueles que desistem e vão embora estão quase sempre frustrados e cheios de desculpas para justificar por que não conseguem concluir coisa alguma.

A maior parte das pessoas em nossa sociedade hoje em dia é viciada em assumir mais coisas do que pode realizar. A administração do estresse se tornou um negócio de bilhões de dólares, e a maior parte do estresse que vivenciamos nos dias de hoje é causada por tentarmos fazer coisas demais. Sempre tenho mais na minha lista de afazeres do que posso terminar em um dia, mas no dia seguinte arranjo coisas novamente. Deveríamos nos empenhar para fazer bem e pontualmente tudo o que assumirmos como uma responsabilidade.

Simplifique sua vida, começando apenas com o que você sabe que pode terminar e terminando o que você começou. Não se permita distrair — permaneça concentrado e chegue até fim. Quando você conclui algo, não precisa mais dele em sua mente. Está livre para se entregar completamente ao próximo projeto, à próxima meta, à próxima grande ideia de sua vida. Você está livre para sonhar e livre para criar, porque sua mente e seu coração estão livres da confusão. Esta é a melhor parte da simplicidade.

11 Não Faça Tempestade em Copo d'água

"É melhor nunca incomodar o problema até o problema incomodar você. Pois certamente você duplicará o problema quando o incomodar."

— David Keppel

Deixo-lhes a paz; a minha paz lhes dou. Não a dou como o mundo a dá. Não se perturbe o seu coração, nem tenham medo.

— *João 14:27*

Há muitas pessoas hoje em dia que insistem em se preocupar com coisas sem importância. Permitem que pequenos detalhes cheguem até elas e as aborreçam tanto que a vida fica sempre cheia de problemas e preocupações. Alguém disse: "Escolha suas batalhas", e esse é um sábio conselho. Existem fatos bastante importantes na maior parte de nossa vida com os quais temos de lidar — certamente não é necessário levar em consideração coisas que poderíamos facilmente ignorar.

Existem diversas oportunidades a cada dia para nos aborrecermos com alguma coisa, mas temos a opção de deixá-las passar e permanecermos em paz. Satanás as planeja para nos deixar chateados! Descubra as coisas que o incomodam e passe a conhecer a si mesmo — decida deixar passar todas as coisas insignificantes que realmente não fazem qualquer diferença no âmbito geral da vida. A Bíblia diz que são as raposinhas que estragam a vinha (ver Cântico dos Cânticos 2:15). Como muitas pessoas fazem para se desassociar de todas as pequenas coisas que mantiveram gravadas no coração, que com o tempo acabaram se tornando grandes montanhas que já não podiam mais escalar? Se não levarmos em conta o mal feito a nós, como 1 Coríntios 13 nos instrui a fazer, teremos relacionamentos muito melhores, muito mais simples. Durante uma época fui uma boa "contadora": registrava todas as coisas que as pessoas tinham feito para mim que me magoaram ou me ofenderam. Minha vida também estava uma grande bagunça, e eu não estava feliz.

Não seja alguém que fica facilmente ofendido. Você será aquele que mais sofre se for assim. Normalmente, quando alguém nos ofende, nunca é seu objetivo fazê-lo. Habitue-se a acreditar nisto e você vai dar um passo importante em direção a uma vida simples. Se a nossa mente estiver cheia de pensamentos acerca do que todos nos têm feito, definitivamente não seremos capazes de experimentar ou apreciar a simplicidade. Para que a vida seja simples, nossos pensamentos e emoções devem ser puros. Nosso coração deve estar totalmente aberto para perdoar as pessoas em vez de aceitar a mágoa ou a ofensa.

Quando passamos uma porção excessiva de tempo meditando sobre o que as pessoas têm feito a nós em vez de sobre o que elas têm feito por nós, perdemos nossa alegria. Desenvolvemos uma atitude crítica, defensiva, queixosa, que desagrada a Deus. Podemos ver grande parte da complicação da vida removida quando nos tornamos dispostos a perdoar de forma rápida e frequente.

Pare de Pensar em Si Mesmo

"Um homem é chamado de **egoísta** não por almejar seu próprio bem, mas por negligenciar o bem de seu próximo."

— Richard Whately

Então ele chamou a multidão e os discípulos e disse: "Se alguém quiser acompanhar-me, negue-se a si mesmo, tome a sua cruz e siga-me."

— *Marcos 8:34*

Alguém com um estilo de vida egoísta, autocentrado, é geralmente também muito complexo e complicado. Deus nunca teve a intenção de que olhássemos apenas para nosso interior, tentando somente cuidar de nós mesmos. Ele quer que alcancemos os outros e confiemos Nele para cuidar de nós. A Bíblia diz que Jesus confiou a si mesmo e tudo ao seu Pai celestial, pois sabia que Ele iria julgar corretamente (ver 1 Pedro 2:23), e nós deveríamos seguir Seu exemplo.

O objetivo pleno de um cristão deve ser seguir Jesus. Depois de termos feito este compromisso, Jesus disse que precisaríamos negar a nós mesmos, incluindo todos os nossos próprios interesses (ver Marcos 8:34). Muitas vezes pensamos que se entregarmos tudo como Ele pede, nunca desfrutaremos da vida ou teremos algo que desejamos, mas a verdade é justamente o oposto. Quando entregamos nossa vida aos outros, Deus nos dá uma vida além de qualquer coisa que poderíamos oferecer a nós mesmos. Recomendo enfaticamente que você aposente o autocuidado, deixe Deus ser Deus em sua vida; permita que Ele cuide de você.

Não estou dizendo que você não deve se cuidar física, mental, emocional e espiritualmente, porque deve. Estou dizendo para parar de se preocupar consigo mesmo e com como você pode obter todas as coisas que deseja da vida. Pare de pensar em si mesmo, porque quanto mais você faz isso, mais infeliz será.

Tudo em nossa natureza humana ou carnal destina-se à autopreservação, mas graças a Deus, quando alguém recebe a Cristo como seu Salvador e Senhor, recebe uma nova natureza (ver 2 Coríntios 5:17). Essa nova natureza nos dá a capacidade de sermos *altruístas* — a capacidade de colocar os outros antes de nós mesmos. Temos de aprender uma nova maneira de viver, uma vez que estamos "em Cristo". Entramos em um relacionamento com Ele por meio de um *ato* de fé — a ação que temos quando lhe pedimos que seja o Senhor de nossa vida, mas, em seguida, devemos aprender a viver com uma *atitude* de fé, um posicionamento mental que devemos manter que diz: *Não se trata mais de mim.* Coloque-se em Deus e embarque em uma vida que vale a pena. Preocupar-se consigo mesmo e tentar sempre garantir que você está sendo cuidado é complicado, mas acreditar que Deus vai cuidar de você enquanto você cuida dos outros é simples.

Recuse-se a ter medo do que vai acontecer com você. Deus é fiel e tomará conta de você, se confiar Nele.

13 Pare de Adiar

"A procrastinação é a assassina natural da oportunidade."

— Victor Kiam

Por isso Deus estabelece outra vez um determinado dia, chamando-o "hoje", ao declarar muito tempo depois, por meio de Davi, de acordo com o que fora dito antes: "Se hoje vocês ouvirem a sua voz, não endureçam o coração".

— Hebreus 4:7

A vida parece complicada para mim quando tenho em minha mente uma dúzia de projetos inacabados. Há coisas que assumi o compromisso de fazer ou sei que preciso fazer, mas não tomo providências para concluir. Não posso entrar no descanso de Deus até que eu ouça a Sua direção e tome providências. Deveríamos nos certificar de que fazemos realmente o que Deus nos leva a fazer; ou fazemos o que sabemos em nosso coração que deveríamos fazer. Boas intenções não significam obediência, e até obedecermos, não iremos nos sentir satisfeitos em nossa alma.

A procrastinação é uma das grandes tapeações do diabo. Por meio dela, ele nos convence de que iremos fazer alguma coisa, planejamos fazê-la, mas muitas vezes não conseguimos perceber que não a fizemos. Planejar é bom, mas a ação é melhor. Quantas coisas existem em sua vida agora mesmo que você sabe que deve fazer, mas ainda não fez? Tenho certeza de que elas representam uma fonte de aborrecimento ou até mesmo um tormento para você. Toda vez que você vai até o armário que pretende limpar há três anos, ele o condena, gritando: "Você é preguiçoso e indisciplinado", e mesmo sem estar plenamente consciente disso, o armário o faz se sentir mal consigo mesmo. O melhor curso de ação é determinar um dia para limpar o armário e, como diz o comercial — *just do it*! Ou seja, *simplesmente faça-o!*

O que dizer sobre aqueles reparos domésticos que você precisa terminar ou aquela lista de ligações que você tem adiado por semanas, talvez meses? Só pensar que ainda tem de realizar essas coisas pode fazer você se sentir preguiçoso e desorganizado. Esses sentimentos podem ser vagos e sutis, mas estão sempre presentes e podem nos impedir de realmente desfrutar da vida. A única coisa simples a fazer é estabelecer um dia ou separar um tempo e concluir o trabalho! Um ato de disciplina e ação irá protegê-lo de dias multiplicados de sensação de sobrecarga.

Se estiver enfrentando um monte de tarefas ou projetos inacabados que você tem adiado por um longo tempo, não fique estressado nem se permita sentir derrotado antes mesmo de começar. Pegue um de cada vez e simplesmente continue até terminar. Olhe para a última atividade — não para o trabalho que dará para chegar lá. Você terá de se disciplinar e fazer alguns sacrifícios ao longo do caminho, mas as vantagens serão muitos dias de liberdade e prazer. A Bíblia diz que nenhuma disciplina no momento traz alegria, mas sim dor (ver Hebreus 12:11). No entanto, mais tarde, "produz fruto de justiça e paz para aqueles que por ela foram exercitados". Pessoas sábias se preocupam mais com o depois do que com o agora. São investidoras — investem o que têm para ter algo melhor no futuro.

Simplifique sua vida hoje, tomando uma decisão de ser uma pessoa do "agora" que nunca procrastina. Deixe que sua nova filosofia de vida seja "nunca deixar para amanhã o que pode ser feito hoje." Faça-o agora e experimente a paz que vem com o simples ato de fazer.

14 Arrume a Desordem

"Elimine a desordem física. Mais importante ainda, elimine a desordem espiritual."

— D. H. Mondfleur

Pois Deus não é Deus de desordem, mas de paz.

— *1 Coríntios 14:33*

A desordem sempre faz com que eu me sinta confusa, e sou o tipo de pessoa que precisa fazer uma arrumação geral antes que possa começar a me sentir melhor. Meu marido tende a querer guardar as coisas por garantia, no caso de ele olhar hoje para o passado e perceber que precisava daquela coisa. Mas minha filosofia é que, se eu precisar dela daqui a cinco anos, provavelmente não iria me lembrar onde está de qualquer forma, então, deveria dá-la para alguém que poderá usá-la hoje e comprar outra se e quando eu realmente chegar a precisar dela novamente.

Se você estiver atravancado e cheio de desorganização, pergunte a si mesmo por que parece se agarrar a tudo que aparece em seu caminho. Você se sente obrigado a guardar algo apenas porque alguém lhe deu? É claro que não queremos ferir os sentimentos das pessoas, mas, por outro lado, se um presente é dado corretamente, ele vem sem correntes fixadas nele. Se alguém realmente lhe dá um presente, deveria ser seu para você fazer com ele o que desejar.

Muitas vezes as pessoas lhe dão coisas das quais gostam e que podem não se adequar nem um pouco ao seu gosto. Embora você valorize profundamente o sentimento por trás do presente, não deve se sentir obrigado a usá-lo. Deus nos dá o pão para comer e a semente para semear (ver 2 Coríntios 9:10), o que significa que parte das coisas que Ele nos dá foi originalmente destinada a ser algo que poderíamos passar para outra pessoa.

Uma vez dei a uma amiga uma pulseira cara que eu tinha e, cerca de dois anos depois, eu a notei no braço de uma outra amiga e percebi que ela a havia passado adiante. Por um momento, fiquei tentada a me sentir magoada, mas logo me lembrei da minha própria orientação. Eu a dei para ela sem condições e não tinha o direito de ditar o seu futuro. Uma vez dada para a minha amiga, era dela para fazer o que bem entendesse. O fato de ela ter passado adiante não significa que não gostou do presente ou que não foi capaz de valorizá-lo. Pode ter sido um sacrifício enorme para ela abrir mão da pulseira e provavelmente o fez em obediência a algo que Deus lhe pediu para fazer. Acreditar no que é melhor é sempre a maneira simples de abordar as questões.

A fim de manter meu ambiente livre de desorganização, regularmente passo coisas para outras pessoas. Aprendi a gostar disso e a considerar como uma maneira de poder dar. Gosto de coisas boas, mas não quero tantas que não possa apreciá-las, porque tudo parece desordenado e desarrumado.

Muitas vezes, a desordem em nossa vida não é culpa dos outros — nós somos os únicos culpados! Você tem tantas roupas que fica confuso tentando se vestir? Tem tantos objetos decorativos colocados ao seu redor que se sente como um touro numa loja de porcelana quando tenta a tirar o pó de sua casa? Tem tanto de algo que você nunca usa tudo antes que a data de validade expire? Você fica mudando as coisas de lugar, mas nunca realmente as usa ou mesmo desfruta delas? Se sua resposta for sim para qualquer uma dessas perguntas, então acredito que você precisa ser corajoso e limpar a bagunça. Arranje uma caixa e encha-a com coisas que uma outra pessoa irá realmente gostar, mas você nunca irá sentir falta. Este passo irá simplificar o seu ambiente e, por sua vez, arrumar a desordem no seu espírito e fornecer-lhe uma forma mais tranquila e mais simples de olhar para as coisas.

15 Evite o Excesso

"Seu corpo é a bagagem que você deve carregar pela vida. Quanto maior o excesso de bagagem, menor a viagem."

— Arnold H. Glasgow

Estejam alertas e vigiem. O diabo, o inimigo de vocês, anda ao redor como leão, rugindo e procurando a quem possa devorar.

— *1 Pedro 5:8*

Alguém uma vez disse: "O excesso é o parque de diversões do diabo." Toda vez que nos tornamos exagerados em qualquer coisa, já perdemos o equilíbrio. De acordo com a Palavra de Deus, uma falta de equilíbrio abre a porta para o diabo. Uma das principais coisas que o diabo quer roubar é nossa alegria e nos empurrar na direção do excesso. Ter tudo em quantidades além de nossa capacidade de usar complica a vida. É como ver uma pequena criança colocar a mão em um pote de biscoitos e insistir em retirar muitos de uma só vez. Ela é incapaz de remover fisicamente a mão do jarro, então, tanto a mão quanto os biscoitos ficam presos! O excesso complica!

Se você quiser ter uma abordagem simples da vida, é necessário ter equilíbrio. Falar excessivamente causa problemas. Comer excessivamente causa problemas. Demasiadas dívidas causam problemas. Excesso é simplesmente um problema.

A Bíblia fala sobre um processo chamado poda (ver Isaías 18:5). Quando o jardineiro encontra uma de suas árvores com ramos doentes ou longos, ele os corta ou poda. Alguns dos ramos longos são identificados como "brotos sugadores." Eles crescem na parte inferior do tronco e, embora suguem a seiva, nunca agregam valor à árvore, porque esses ramos não podem dar fruto. O jardineiro geralmente tem de se livrar deles ou eles irão tornar a árvore fraca e pouco atraente.

Lembro-me de uma vez quando Dave fez a poda em uma de nossas árvores. Estava tão cortada que eu tinha certeza de que ele a havia matado. Fiquei muito irritada e achei que a árvore estava com uma aparência absolutamente horrível. Ele me disse que se eu fosse paciente, na primavera seguinte ela estaria mais bonita do que nunca. De fato, como a árvore tinha sido podada e o crescimento excessivo e inútil removido, ela voltou a ser a árvore mais atraente de nosso quintal.

Não tenha medo de cortar o que você realmente não precisa. Acredito que isso abre a porta para que Deus o abençoe ainda mais. Se você tem mais posses do que pode usar, compartilhe-as com alguém que não tem o bastante. Ao fazer isso, você vai plantar a semente para uma futura colheita em sua própria vida.

Existem outros excessos que conhecemos, além dos materiais. Se você precisa perder peso, diminua suas porções e você gradualmente verá a diferença. Se você costuma ter problemas nos relacionamentos devido às coisas que diz, pode precisar falar um pouco menos e ouvir muito mais. Diga não ao excesso e sim à retirada da complexidade de sua vida hoje.

16 Não se Meta em Dívidas

"A dívida é a pior pobreza."

— Thomas Fuller

O rico domina sobre o pobre; quem toma emprestado é escravo de quem empresta.

— *Provérbios 22:7*

Uma das piores coisas que pode complicar e enrolar nossa vida em um aperto complicado e angustiante é a dívida financeira. A dívida em exagero torna a vida mais complexa do que precisa ser e coloca uma grande pressão sobre o devedor. Além disso, também coloca um fardo enorme sobre o casamento. De fato, as estatísticas dizem que a carga é tão pesada que é a raiz de muitos divórcios.

Nossa sociedade torna muito fácil nos endividarmos. Os comerciantes tentam nos fazer comprar coisas hoje e pagar depois com cartões de crédito — uma indústria de um bilhão de dólares atualmente nos Estados Unidos, onde a mesma quantia é gasta em publicidade para anunciar e persuadir as pessoas a usarem ainda mais o crédito. Vivemos em uma época em que as pessoas são impacientes e não se importam muito com o futuro. Vivemos o momento, mas a verdade nua e crua é que o amanhã sempre vem — e, amanhã, seremos forçados a lidar com as consequências do que fizemos hoje.

Existem provavelmente milhões de pessoas que compraram coisas no auge da emoção e sofreram a dolorosa pressão de tentar saldar a dívida por meses ou até mesmo anos. Elas podem até nem mais *usar* os produtos que compraram e que ainda estão devendo. É possível que nem sequer saibam onde estão suas compras — talvez em um armário, talvez na garagem ou no sótão. As pessoas às vezes compram coisas e nunca chegam a usá-las. Elas veem uma grande venda ou uma promoção de "pague um e leve dois", carregam suas compras para casa, põem de lado para guardá-las mais tarde e se esquecem de que as possuem. Nós parecemos ser viciados em *coisas* e a maioria das *coisas* que achamos que temos de ter são justamente aquelas que complicam nossa vida e roubam a beleza da simplicidade que Deus deseja que usufruamos.

Faça todo o possível para comprar o que você precisa e um pouco do que você quer, mas não se endivide para fazê-lo. Aprenda a poupar dinheiro para as coisas que você deseja. A Bíblia diz que: "Quem ajunta o dinheiro aos poucos terá cada vez mais" (Pv 13:11). Meu marido tem um plano financeiro maravilho e simples: de tudo o que você ganha, dê um pouco, economize um pouco e gaste dentro de seus limites ou de acordo com seus recursos. Se você fizer isso, seus limites (recursos) irão aumentar e você nunca terá a pressão e a complicação da dívida.

Se você já está endividado, então assuma um compromisso de sair das dívidas. Não continue a fazer o que fez no passado e só piorou o problema. Você pode ter de se sacrificar por um tempo para saldar sua dívida, mas vai valer a pena. A dívida pendente sobre sua cabeça é como um peso de ferro que você é forçado a carregar onde quer que vá. Corte os laços e sinta a liberdade e a simplicidade que vem com a quitação das dívidas.

Deixe que a Coisa Principal Seja a Coisa Principal

"Quando você não tem mais nada a não ser Deus, então pela primeira vez você se torna consciente de que Deus é suficiente."

— MAUDE ROYDEN

Meus queridos filhos, se afastem de qualquer coisa que possa tomar o lugar de Deus no coração de vocês. Amém.

— *1 João 5:21, ABV*

Deus é um Deus ciumento, e o único lugar que O satisfaz é o que Ele merece por direito, que é o primeiro lugar em tudo. A única maneira de as coisas darem certo em nossa vida é se nós nos esforçamos para manter Deus neste lugar de honra, o lugar de prioridade. Digo que devemos nos esforçar, porque sem colocar nenhum esforço isso nunca ocorre. Os negócios podem rapidamente tirar nossas prioridades do eixo, assim como nos levar ao engano das riquezas.

Quando se trata de manter suas prioridades, vemos duas respostas diferentes na história da visita de Jesus a Maria e Marta. Maria sentou-se rapidamente aos pés do Senhor para ouvir tudo o que Ele tinha a dizer, mas Marta ficou ocupada, tentando servir os convidados e manter a casa limpa. Ela ficou chateada porque Jesus não estava fazendo com que Maria a ajudasse, mas Ele lhe disse que Maria tinha feito a melhor escolha. Ele ainda disse a Marta que ela estava ansiosa e preocupada com muitas coisas e perdendo o ponto principal de sua visita (ver Lucas 10:38-42). Naquele dia a vida de Marta se tornou muito complicada e frustrante, enquanto Maria permaneceu tranquila e serena.

Houve um outro momento em que Jesus encontrou um jovem rico que queria saber o que tinha de fazer para experimentar a salvação eterna. Quando Jesus lhe disse para vender tudo o que ele tinha, dar para os pobres e segui-lo, o jovem retirou-se triste, porque tinha muitas posses (ver Lucas 18:18-23). Suas posses o enganaram. Ele não percebeu que Deus o estava testando; se ele tivesse sido capaz de dar tudo para ter Deus, então, com o tempo, acabaria recebendo mais do que tinha dado. Muitas pessoas cometem o mesmo erro. Com medo, elas se agarram ao que possuem e perdem o que poderiam ter. Acreditam nas "coisas" que nunca poderão satisfazê-las, como Jesus pode. Contentam-se com o bom em vez de voar para o ótimo. Tome a decisão de deixar a coisa principal ser a coisa principal em sua vida. Jesus *é* a coisa principal!

18 Estabeleça Limites

"Amamos ignorar os limites que não queremos ultrapassar."

— Samuel Johnson

De um só fez toda a raça humana para habitar sobre toda a face da terra, havendo fixado os tempos previamente estabelecidos e os limites da sua habitação.

— *Atos 17:26, ARC*

Vemos na citação bíblica acima que Deus estabelece limites, e devemos estabelecê-los também. Quando você não tem limites na vida, não tem nenhuma proteção. Limites são como cercas; eles mantêm as pessoas e as coisas de sua vida que são indesejáveis afastadas. Tornam as coisas definidas em vez de vagas. Muitas pessoas têm medo de estabelecer limites, porque pensam que irão ofender ou irritar alguém. Devemos nos lembrar de que somos chamados por Deus para segui-lo e andar em sabedoria. Não somos chamados ou obrigados a deixar que outras pessoas nos imponham o que devemos fazer para mantê-las felizes. Não há dúvida de que queremos deixar as pessoas felizes. A própria Bíblia diz que deveríamos fazer sacrifícios para fazer o bem e partilhar com os outros o que temos (ver Hebreus 13:16), mas isso não deve ser tirado fora do contexto ou aplicado de forma desequilibrada.

Minha filha mais nova é rigorosa com sua privacidade. Isso significa muito para ela, de forma que ela pede às pessoas, inclusive eu, que não apareçam em sua casa sem ligar antes. Admito que no princípio tive de passar por uma pequena adaptação de atitude, mas, afinal de contas, seu pedido não era indevido. Eu precisava respeitar seus limites, sem ter uma atitude inoportuna.

Ninguém é exatamente igual e todos nós temos necessidades diferentes. Minha filha mais velha é justamente o oposto da mais nova. Ela diz: "Venha a qualquer momento e não se preocupe em ligar." No entanto, ela tem outras áreas de sua vida nas quais tem limites mais rígidos do que minha filha mais nova. Nós não só precisamos ter nossos próprios limites, mas também temos de respeitar os dos outros. Essa é uma maneira de levá-los a respeitar os nossos. Podemos nem sempre entender por que as pessoas são como são, mas precisamos respeitar o seu direito de ser elas mesmas.

Sem limites, a vida fica muito complicada, tornando-se uma mistura desorganizada sem restrições e sem diretrizes quando se trata de como nos relacionar com os outros. Nós, muitas vezes, sentimos que estamos sendo usados ou que estamos em um lugar que não gostaríamos de estar, fazendo algo que não gostaríamos de fazer. Dizer *não* é colocar um limite.

Nós também precisamos de limites para nós mesmos. Por exemplo, estabelecer padrões elevados por meio dos quais nos esforçamos para viver é estabelecer limites. Estamos dizendo o que iremos fazer e o que não iremos. Se nós sempre dissermos sim para nós mesmos e para outras pessoas, então não temos limites e a vida vai se tornar extremamente frustrante e complicada.

Se você não tem limites e nunca aprendeu a respeitar os das outras pessoas, não está apenas sendo tolo, mas está perdendo a simplicidade que poderia estar aproveitando. Pergunte a si mesmo o que você precisa para ser feliz e, em seguida, defina seus limites nesse sentido. Não é errado fazer isso, aliás, é muito sábio.

19 Conheça a si Mesmo

"Conheça-se a si mesmo. Não encare a admiração do seu cão como uma prova irrefutável de que você é maravilhoso."

— Ann Landers

Jesus sabia que o Pai havia colocado todas as coisas debaixo do seu poder, e que viera de Deus e estava voltando para Deus.

— *João 13:3*

Quando continuamos a ler a partir de João 13:3, vemos que Jesus colocou uma toalha de servo e lavou os pés de Seus discípulos. Que demonstração surpreendente de humildade e grandeza! Acredito que uma das coisas que possibilitava Jesus a fazer isso era que Ele conhecia a si mesmo. Sabia quem Ele era, de onde viera e para onde estava indo. Também sabia por que tinha sido enviado. Não era nem um pouco inseguro, mas Sua confiança estava em Seu Pai.

Muitas pessoas não sabem quem são, e por isso passam a vida tentando fazer coisas para as quais não foram chamadas, não estão preparadas e certamente fracassarão em realizar. Não devemos apenas saber o que podemos fazer, devemos também saber o que *não podemos*. Um dos maiores dramas que já testemunhei como empregadora foi ver as pessoas permanecerem em posições que não as desafiavam de modo nenhum, simplesmente por medo. Da mesma forma, acho lamentável ver outras pessoas permanecerem em posições totalmente acima de seu potencial, enquanto não conseguem ou não estão dispostas a admitir isso.

Por que temos tanta dificuldade em dizer: "Isso não é o meu ponto forte e creio que não conseguiria fazer um bom trabalho"? Somos inseguros! Obtemos muito de nosso mérito e valor a partir daquilo que fazemos, quando deveríamos obter a partir de quem somos em Cristo. Se você é um filho de Deus, esse é o maior título e posição de que você irá precisar.

Pedro era um homem que não conhecia a si mesmo. Tinha uma consideração sobre si mesmo muito acima da que deveria. Ele tinha fraquezas que não estava disposto a admitir e aprendeu algumas duras lições sobre o seu verdadeiro eu. Pensou que nunca iria negar a Cristo e, contudo, ele o fez. Este episódio o levou a se conhecer, e depois que se arrependeu, foi restaurado por Deus e seguiu seu caminho até se tornar um grande apóstolo de Jesus. Ter fraquezas e incapacidades não nos desqualifica, porque a força de Deus se aperfeiçoa em nossas fraquezas, mas não podemos ir além do que Deus nos permite fazer.

Lembro-me de uma mulher — vamos chamá-la de Jane — que me pediu para orar por uma situação incômoda. Uma de suas colegas de trabalho foi promovida a secretária de nível um, e ficou incitando Jane a também tentar elevar seu nível de função. Jane me ouviu pregando sobre como se tornar tudo o que você pode ser, e, embora não sentisse que tinha as habilidades para ser uma secretária de nível um, sentiu-se pressionada por sua amiga e pela minha pregação a fazê-lo. Expliquei-lhe que ela precisava seguir seu coração e não havia absolutamente nada de errado em ser uma secretária de nível dois se esse fosse realmente o lugar que ela sentia que Deus queria que estivesse. Este conhecimento simplificou imediatamente sua vida. Ela se libertou do sentimento de confusão e percebeu que não tinha necessidade de viver competindo, só precisava se conhecer e ser ela mesma.

20 Tão-somente Creia

"Fé é crer no que não vemos. O prêmio da fé é ver o que cremos."
— S. Agostinho

Disse-lhe Jesus: "Não lhe falei que, se você cresse, veria a glória de Deus?"

— João 11:40

Crer é o caminho mais rápido para simplificar sua vida. Medo, dúvida, incredulidade e raciocínio excessivo complicam a vida, mas a capacidade de crer remove tudo isso. Crianças pequenas simplesmente acreditam no que você lhes disser. Se os pais de uma criança lhe disserem que irão comprar um novo par de sapatos no sábado, a criança não se preocupa durante a semana toda, pensando se isso irá ou não acontecer. Ela só espera até sábado. Deveríamos fazer o mesmo em nosso relacionamento com o Senhor. Deveríamos simplesmente acreditar ou, como afirma Marcos 5:36, *"Tão-somente creia"*.

Ter fé e confiar que Deus proverá nem sempre é fácil. Infelizmente, nem sempre existe um "botão de fé" para apertar a fim de garantir que você nunca terá dúvida novamente. É um processo de crescimento, e a atitude que você precisa ter enquanto está esperando é como aquela da pequena criança — "Sábado está chegando!". Em vez de desistirmos e ficarmos frustrados, perceberemos que recebemos as promessas de Deus pela fé e paciência. Continue a falar sobre a promessa e não sobre o problema. Todas as emoções negativas que experimentamos são apenas algumas das coisas que complicam nossa vida. Não temos de ficar chateados enquanto estamos esperando, podemos optar por permanecermos esperançosos e alegres. Podemos adotar a abordagem simples e tão-somente crer!

Na próxima vez que você sentir que a vida é tão complicada que você gostaria de pular de uma ponte, comece a dizer em voz alta: "Eu acredito, Deus!" Você somente tem de se voltar para Sua Palavra para encontrar Suas promessas — promessas que garantem que Ele nunca irá deixá-lo ou desampará-lo (ver Deuteronômio 31:6); promessas de que Ele é a fonte de todo o consolo e encorajamento (ver 2 Coríntios 1:3-4). Portanto, mantenha essas promessas e diga com convicção: "Eu creio, Deus!" Você vai se acalmar e se sentir pronto para fazer tudo o que precisa fazer. Talvez seja necessário repetir várias vezes, mas sei, por experiência própria, que crer tem um efeito surpreendente na alma. A Bíblia diz que a alegria e a paz são encontradas no crer (ver Romanos 15:13). Sempre que me sinto chateada ou triste, se verificar onde estão os meus níveis de fé, imediatamente descubro a fonte de minha emoção negativa. Se eu estiver disposta a ajustar minha atitude, as coisas ficarão visivelmente melhores. Deus continua me dizendo para simplificar, simplificar, simplificar e, em seguida, simplificar um pouco mais. Estou em uma viagem e espero que a esta altura você tenha decidido se juntar a mim. Acredite e esteja pronto para receber.

21 Reavalie Regularmente os Compromissos

"Se você não gosta de algo, *mude*; se você não puder mudar, mude sua maneira de pensar sobre isso."

— Mary Engelbreit

Venham a mim, todos os que estão cansados e sobrecarregados, e eu lhes darei descanso.

— *Mateus 11:28*

Jesus diz que quer nos dar descanso. Ele nos convida a ir até Ele e, talvez, queira nos dar uma oportunidade de reavaliar nossos compromissos. Ele quer que descubramos o que não é necessário e nos livremos disso. Sempre que sentimos que a vida perdeu o fluxo simples que deveria ter e, em vez disso, tornou-se difícil e pesada, devemos levar o peso a Jesus. A vida não foi feita para que nos sintamos cansados e sobrecarregados. Não somos mulas que passam a vida carregando um fardo. Somos filhos de Deus com um direito à paz e alegria comprado com sangue.

As coisas da vida estão constantemente mudando. Para crescer, temos de mudar também, e nossos compromissos devem mudar para combinar com as mudanças que estão acontecendo em nossa vida. Minha filha caçula, Sandra, trabalhou na nossa equipe ministerial por quinze anos. Ela viajava comigo, estava encarregada de nosso ministério de auxílio e fazia muitas coisas de que gostava. Quando se sentiu pronta para ter filhos, ela também achava que ainda podia trabalhar, pelo menos meio período. Para sua surpresa, ela teve gêmeos e não demorou muito antes que estivesse em prantos, porque sua vida era muito complicada. Ela sabia que tinha de tomar a difícil decisão de não trabalhar por muitos anos. A decisão fez uma grande diferença em suas finanças domésticas e ela não queria se sentir excluída das coisas do ministério. Eu a respeito muito porque ela deu mais valor a um estilo de vida simples, tranquilo, do que ao dinheiro e posição, e acredito que Deus a está abençoando de maneiras especiais por causa de sua difícil decisão.

Acredito que frequentemente perdemos muitas bênçãos que Deus tem guardado para nós porque não estamos dispostos a reavaliar os compromissos e cortar as coisas que Deus já tiver terminado ou que já não estejam dando frutos. Só porque você sempre fez alguma coisa não significa que deveria fazê-la perpetuamente. Podemos facilmente entrar em uma rotina e nos sentirmos entediados e aborrecidos sem nenhuma outra razão além de termos feito durante muito tempo a mesma coisa e precisarmos de uma mudança.

É fácil cortar as coisas que você não *quer* fazer, mas o que acontece quando Deus pede para você renunciar a algo que suas emoções não estão prontas para abrir mão? E se for algo que você ajudou a gerar e construir e se sente ligado e até mesmo responsável? Você estaria disposto a abrir mão de algo de que ainda gosta, em obediência a Deus, a fim de simplificar sua vida? A obediência nem sempre é fácil. Com frequência envolve sacrificar nossos caminhos pelo caminho de Deus. Às vezes não entendemos o porquê, mas esses são os momentos em que precisamos confiar Nele e seguir em frente. Deus nunca nos pede para fazer nada que não acabará por tornar nossa vida melhor no decorrer do tempo. Não tenha medo de fazer regularmente uma reavaliação e efetuar as mudanças que precisa fazer para manter sua vida no caminho da simplicidade.

22 Defina as Prioridades Pessoais

"Defina prioridades para suas metas. A maioria das vidas bem-sucedidas reside na capacidade de colocar primeiro as primeiras coisas. Na verdade, a razão de as principais metas não serem alcançadas é porque passamos nosso tempo fazendo primeiro as coisas que estão em segundo lugar."

— Robert J. McKain

Nos lugares altos, junto ao caminho, nos cruzamentos ela [a sabedoria] se coloca; ao lado das portas, à entrada da cidade, portas adentro, ela clama em alta voz.

— *Provérbios 8:2–3*

Nossas jornadas ao longo da vida nos levarão a muitas decisões inevitáveis, e sempre teremos problemas se as tomarmos de forma emocional ou de acordo com o que pensamos ou queremos. Deus quer que tomemos decisões sábias. Quando leio os versículos mencionados, visualizo a imagem da sabedoria de pé em cada cruzamento e local de decisão de nossa vida, gritando: "Siga-me!".

Acredito que ter sabedoria é optar por fazer agora aquilo que nos deixará felizes mais tarde. Isso nem sempre é fácil, pois pode nos obrigar a sacrificar alguma coisa que poderíamos facilmente ter hoje por algo melhor que podemos ter amanhã. Investir dinheiro é um bom exemplo. Você deve passar um pouco do seu dinheiro para um lugar onde você não pode gastá-lo e deixá-lo se multiplicar ao longo do tempo a fim de proporcionar mais dinheiro para você mais tarde. Muitas pessoas chegam à velhice e não têm nada com que se sustentar, simplesmente porque preferiram ter uma gratificação instantânea ao longo da vida. Isso é compreensível, mas não é sábio. É uma escolha feita principalmente com as emoções. Escolheram o que acharam que era bom no momento e sacrificaram o que poderia vir a ser ainda melhor a longo prazo.

Para definir prioridades pessoais, você deve perceber que o que alguém faz pode não ser a coisa certa para você. Viva sua própria vida e seja conduzido pelo Espírito Santo. Esteja disposto a ser diferente, se isso é o necessário para manter sua paz e viver a boa vida que Deus preparou antecipadamente para você.

As prioridades deveriam ter uma ordem em sua vida. Você deve ter uma prioridade número um, número dois, número três e assim por diante. Nossa primeira prioridade, por exemplo, deveria ser sempre nosso relacionamento pessoal com Deus. Deveríamos colocá-lo em nossa agenda e, então, trabalhar tudo mais em torno Dele. Se não fizermos isso, vamos perceber que a vida fica cada vez mais complicada e confusa. As coisas podem ficar absolutamente fora de controle, se não permitirmos que Deus nos direcione.

Não há nenhum motivo para dizer que não temos tempo para alguma coisa, porque nós *arranjamos* tempo para fazer tudo o que é importante para nós. Se você não está fazendo algo, é porque talvez não seja uma prioridade em sua vida. Talvez não precise ser feito, mas se precisar, então você terá de reorganizar algumas coisas e colocar suas prioridades em ordem. Não vamos simplesmente organizá-las uma vez e nunca mais teremos de ajustá-las novamente. É algo que devemos fazer com bastante frequência.

Existem muitas coisas boas que clamam pela nossa atenção na vida e é bastante fácil sair dos trilhos — ficar com nossas prioridades fora de ordem. A resposta a este problema de falta de controle das prioridades é simples, se separarmos um tempo para fazer as perguntas certas. Quais são suas prioridades? Faça uma lista do que é verdadeiramente importante para você e use essa lista para ajudá-lo nas suas tomadas de decisão diárias. Você vai simplificar quando priorizar.

23 Escolha Suas Batalhas

"Com o passar do tempo, nós moldamos nossa vida e moldamos a nós mesmos. O processo nunca termina até que morramos. E as escolhas que fazemos, no final das contas, são de nossa responsabilidade."

— Eleanor Roosevelt

Vocês não precisarão lutar nessa batalha. Tomem suas posições; permaneçam firmes e vejam o livramento que o Senhor lhes dará, ó Judá, ó Jerusalém.

— *2 Crônicas 20:17*

Muitas vezes, a vida simples parece fora de alcance por causa de todos os problemas e desafios que surgem. Provações e dificuldades irão ocorrer, mas é *como* lidamos com elas que faz a diferença. Há batalhas demais na vida para tentarmos enfrentar todas elas, por isso temos de escolher aquelas que sentimos que vale a pena o esforço. Muitas coisas ficam melhor se as deixarmos como estão. Oração e tempo também mudam um monte de coisas, e apenas esperar um tempo pode nos poupar uma batalha ou duas. Se você for confrontado com um desafio, não responda imediatamente. Dê tempo a si mesmo para pensar sobre isso e espere alguns dias para decidir. Aproveite o tempo para ponderar sobre suas escolhas para que você possa tomar decisões sábias e sólidas.

Deus disse a Josafá (ver 2 Crônicas 20:17-22) que ele e seu povo não precisavam lutar a batalha que estava para ocorrer, contudo houve outros momentos em que Ele instruiu o Seu povo a lutar. Precisamos ouvir a Deus e escolher as nossas batalhas com cuidado. Durante muitos anos, vivi brigando por qualquer coisa. Eu me orgulhava por ser uma confrontadora, mas finalmente percebi que muitas vezes é preciso mais coragem para esperar em Deus do que para atacar alguma coisa no meu próprio tempo.

Deus disse a Josafá para cantar, louvar e esperar. Como ele obedeceu a Deus, o inimigo ficou confuso e os homens destruíram-se uns aos outros. Você tem o hábito de orar e pensar antes de atacar ou simplesmente ataca e depois quer saber por que a vida se torna tão complexa e frustrante? Você já se perguntou por que está sempre preocupado com alguma coisa? Se assim for, talvez você simplesmente não precise se preocupar com tudo que aparece. Algumas coisas se resolvem sozinhas se você lhes der tempo. Peça a Deus a sabedoria para reconhecer a diferença entre os problemas que têm o potencial de incendiar e aqueles que provavelmente irão arder sem chama e se apagar.

24 Seja Rápido em Perdoar

"O perdão não faz com que a outra pessoa esteja certa. Faz com que você fique livre."

— Stormie Omartian

Pois se perdoarem as ofensas uns dos outros, o Pai celestial também lhes perdoará.

— *Mateus 6:14*

Uma das formas mais rápidas de complicar sua vida é ficar facilmente ofendido e guardar rancor. Deus nos diz em Sua Palavra para sermos rápidos em perdoar (ver Tiago 1:19) por uma razão. Ele quer que desfrutemos de paz, e isso é impossível se estivermos amargos, ressentidos e zangados. A recusa ao perdão é como um ácido que destrói o frasco no qual está.

Deus é nosso Vingador, e Ele promete tratar de nossos inimigos, se nós confiarmos Nele para fazer isso. Ele diz que devemos orar por aqueles que nos ofendem, em vez de ficarmos zangados com eles, e, quando o fazemos, o perdão libera Deus para lidar com a pessoa que nos ofendeu. Realmente fazemos um favor a nós mesmos quando perdoamos, porque o perdão nos liberta de uma prisão de perturbação interna e simplifica muito nossa vida. Se estivermos confusos e aborrecidos internamente, isso afeta nossa vida diária de uma forma negativa.

Decidi que simplesmente não tenho tempo nem energia para ficar zangada. Quero aproveitar minha vida, e não posso fazer isso se eu deixar que as escolhas das pessoas controlem minhas atitudes. Convido você a tomar agora a decisão de que será rápido em perdoar. Quanto mais cedo você perdoar uma pessoa que o ofendeu, mais fácil será fazer isso da próxima vez. Não deixe que a raiva apodreça em seu coração e se torne uma raiz de amargura que irá contaminar não só você, mas os outros ao seu redor.

Quando nos permitimos continuar com raiva, acabamos por levá-la a pessoas que não têm nada a ver com a ofensa original. Passei anos sendo amarga, porque meu pai abusou de mim, e me acostumei a descontar no meu marido, Dave, que não tinha absolutamente nada a ver com isso. Deus me ensinou a parar de tentar cobrar algo de alguém que não me devia nada.

Quando estamos magoados, tentar cobrar o que nos é devido da pessoa errada não é a resposta. Deus promete nos restituir e realmente nos dar bênçãos em dobro para os nossos problemas antigos se fizermos as coisas de Sua maneira (ver Isaías 61:7). Deus perdoa todos os nossos pecados regularmente e espera que façamos o mesmo com os outros.

Ao escolher perdoar, seus sentimentos para com o indivíduo que o magoou não irão necessariamente mudar imediatamente. Acredito que se eu faço o que posso fazer, então Deus fará o que eu não posso fazer. Eu posso fazer uma escolha de obedecer a Palavra de Deus, mas só Deus pode mudar a maneira como me sinto. Nossos sentimentos sempre dominam nossas escolhas, se lhes dermos um pouco de tempo.

25 Cuide dos Seus Próprios Negócios

"Eu me lembro de um sábio amigo meu que costumava dizer que 'aquilo que é da conta de todo mundo não é da conta de ninguém.'"

— Izaac Walton

Coloca, Senhor, uma guarda à minha boca; vigia a porta de meus lábios.

— *Salmo 141:3*

A Bíblia está cheia de conselhos práticos para a vida cotidiana. Uma das coisas que nos instrui a fazer é cuidar de nossos próprios negócios (ver 1 Tessalonicenses 4:11). A necessidade de expressar uma opinião sobre quase tudo e todos é um sintoma de orgulho e sempre leva a problemas de relacionamento.

Certa vez, meu marido e eu estávamos imaginando por que um homem vivia numa casa bastante grande em nossa vizinhança. Estávamos expressando nossa opinião sobre ele ser solteiro e desejávamos saber por que ele queria todo aquele espaço para si mesmo. Partimos do princípio de que ele a comprou como um investimento, mas achávamos que talvez tivesse sido melhor investir no mercado de ações, em vez de assumir essa casa enorme para cuidar. Deus estava lidando comigo naquela época sobre aprender a cuidar da minha própria vida, e de repente, me dei conta de que Dave e eu estávamos descendo a rua, discutindo as finanças de um homem que nem sequer conhecíamos. Imediatamente eu vi o quão ridículo foi isso; esse momento ajudou-me também a ver quantas vezes temos opiniões sobre coisas que realmente não nos dizem respeito.

Todos nós temos nossos próprios negócios para cuidar sem termos de nos envolver com os negócios de outras pessoas. Se você tem uma tendência a ser insistente em suas próprias opiniões, faça um esforço para orar para que as pessoas sigam a Deus e depois não se preocupe com o que estão fazendo.

Costumo dizer para mim mesma: "Joyce, isso não é da sua conta." Creio que isso me ajuda muitas vezes a permanecer nos trilhos com relação à minha atitude. Se você realmente parar e pensar nisso logicamente, que sentido faz ter uma opinião sobre algo que não tem nada a ver com você? Não faz sentido, e apenas nos mantém ocupados fazendo algo que nunca terá qualquer bom fruto. Tome uma decisão de obedecer a Palavra de Deus e se esquecer dos negócios dos outros. Você ficará surpreso com o quanto vai se sentir mais leve.

26 Seja Misericordioso

"O coração ingrato não encontra misericórdias, mas o coração grato encontrará, a cada momento, algumas bênçãos celestiais."

— Harriet Beecher Stowe

O homem bondoso faz bem a si mesmo, mas o cruel a si mesmo se fere.

— *Provérbios 11:17, ARA*

Outra maneira de simplificar sua vida, aumentar sua paz e melhorar os relacionamentos é ser misericordioso. Deus nos diz em Sua Palavra para termos um comportamento que seja marcado por "ternos afetos *e* misericórdia" (Cl 3:12). Temos de ser bondosos, pacientes e prontos para perdoar. Um coração duro, legalista e rude só nos torna infelizes e não nos ajuda a fazer amigos.

A misericórdia não pode ser merecida, é uma dádiva dada a quem não merece. Deus é misericordioso e é por causa de sua grande misericórdia que não somos consumidos pelo nosso próprio pecado (ver Lamentações 3:22). Deus nunca espera que venhamos a dar algo que não temos, por isso Ele primeiro nos dá a Sua misericórdia e espera que a deixemos fluir através de nós para outras pessoas. Seja generoso em misericórdia!

Se não tomarmos a decisão de sermos misericordiosos, então não temos alternativa senão a de ficar com raiva na maior parte do tempo. O fato é que as pessoas não são perfeitas e em qualquer lugar que você vá irá descobrir que elas cometem erros. Nós todos devemos compreender que não só temos de lidar com pessoas que são irritantes, mas elas também têm de lidar conosco. Nós raramente nos vemos da forma como os outros nos veem. Podemos pensar que somos o exemplo perfeito de como uma pessoa deveria ser, mas posso lhe garantir que isso não é verdade. A Bíblia realmente diz que nós julgamos os outros pelas mesmas coisas que praticamos (ver Romanos 2:1). Olhamos para nós mesmos com óculos cor-de-rosa, mas olhamos para os outros com uma lupa. Há sempre uma desculpa para o nosso comportamento errado, mas para as outras pessoas, não!

Mostrar misericórdia significa demonstrar compaixão e sincera preocupação pelos outros. Ela nem sempre vem fácil para todos, mas é importante da mesma forma. A misericórdia torna a alma mansa; ao alcançar outras pessoas, nós nos lembramos como é bom encontrar misericórdia.

Quando fazemos um esforço para ter uma atitude misericordiosa, nós não só agradamos a Deus, mas estamos evitando muitos problemas. Os caminhos de Deus são simples e tranquilos, e Ele nos diz para sermos misericordiosos como Ele é misericordioso. Pode nem sempre parecer justo mostrar misericórdia quando você sente que alguém merece julgamento, mas os caminhos de Deus sempre trazem uma recompensa no final.

27 Não Julgue

"Se você julga as pessoas, não tem tempo de amá-las."

— Madre Teresa

Irmãos, não falem mal uns dos outros. Quem fala contra o seu irmão ou julga o seu irmão, fala contra a Lei e a julga. Quando você julga a Lei, não a está cumprindo, mas está se colocando como juiz.

— Tiago 4:11

Quando julgamos alguém, pronunciamos uma sentença sobre a pessoa, e só Deus tem o direito de fazer isso. Uma definição que ouvi diz que julgar é se colocar na posição de Deus. Não acho que nenhum de nós realmente quer esse cargo, não é? É muito fácil olhar para alguém ou uma situação e rapidamente julgar sem saber de nada. Mas Deus não apenas sabe o que alguém está fazendo; Ele sabe por que a pessoa está fazendo isso. Nós julgamos pela carne, mas Deus vê o coração.

Jesus disse aos que estavam prontos para apedrejar a mulher apanhada em adultério que aquele entre eles não tivesse pecado poderia atirar a primeira pedra. Depois que tiveram tempo para considerar o que Jesus falou, todos deixaram cair as pedras e saíram, um por um. Quem dentre nós pode dizer que não tem nenhum pecado? Então, como podemos ser tão rápidos em julgar outras pessoas por seus erros? Podemos julgar o pecado, mas não podemos julgar o coração de uma pessoa. Quanto mais estudarmos a Palavra de Deus, mais rapidamente vamos reconhecer o pecado, mas não podemos deixar que isso se transforme em um hábito de julgar todos aqueles que não fazem o que deveriam estar fazendo. Mais uma vez, precisamos seguir a Palavra de Deus e "vigiar e orar." Não é vigie e julgue, mas vigie e ore! Trate os outros como você quer ser tratado e veja como a vida fica mais doce.

Cada vez que julgamos, seja para o bem ou para o mal, plantamos uma semente que produz um fruto em nossa própria vida. Se somos críticos e impiedosos, seremos julgados da mesma maneira, mas se plantarmos misericórdia colheremos misericórdia. Temos a capacidade de amar as pessoas e deveríamos fazê-lo porque esse é o mandamento que Jesus nos deixou. Ele disse: "Como eu os amei, vocês devem amar-se uns aos outros" (João 13:34; ver também João 15:12).

Ser rápido em julgar é outro sintoma do orgulho, e a Bíblia nos ensina que o orgulho sempre vem antes da destruição e ruína, mas a humildade antecede a honra (ver Provérbios 18:12). Se quisermos ter problemas, podemos continuar a ser críticos, mas se quisermos honra podemos ter uma atitude humilde. A escolha é nossa.

28 Seja Decidido

"As ações mais decisivas de nossa vida — quero dizer, aquelas que provavelmente decidem todo o curso de nosso futuro — muitas vezes não são levadas em conta."

— André Gide

Rogo-vos, pois, irmãos, pelas misericórdias de Deus, que apresenteis o vosso corpo por sacrifício vivo, santo e agradável a Deus, que é o vosso culto racional.

—Romanos 12:1, ARA

A indecisão é um péssimo lugar para se estar, e certamente não é um fruto da vida simples. A simplicidade ora, busca sabedoria e decide. Não há hesitação. Ela se fixa na decisão que é tomada, a menos que haja uma razão muito boa razão para mudá-la. O apóstolo Tiago disse que o homem de mente dividida é instável em tudo que faz e não receberá nada que pedir ao Senhor. Como Deus pode nos dar alguma coisa se nunca conseguimos tomar uma decisão em relação ao que queremos?

As pessoas inseguras têm dificuldade em tomar decisões, porque estão sempre com medo de tomar a decisão errada. Têm uma baixa autoestima e não confiam nelas mesmas para fazer a coisa certa. Os perfeccionistas também têm dificuldade porque não querem correr o risco de estarem errados. Qualquer pessoa que é decidida, ocasionalmente toma uma decisão ruim, mas ela toma mais decisões certas do que erradas. Sempre digo que você não pode dirigir um carro estacionado. Algumas pessoas mantiveram sua vida no estacionamento durante tanto tempo que perderam todo o senso de direção e se sentem confusas com tudo. Deus tem apenas uma marcha — para frente. Não é marcha à ré e certamente não é ponto morto! Às vezes precisamos fazer algo apenas para evitar continuar a não fazer nada.

Faça o melhor que você puder para tomar uma decisão sábia e confie em Deus para protegê-lo se cometer erros. Ele vê seu coração e nunca espera mais do que o melhor que você sabe fazer. À medida que você tomar decisões e avançar na vida, vai ganhar experiência. Às vezes você aprenderá que o que fez é certo e outras vezes aprenderá a nunca mais fazer aquela determinada coisa novamente porque o resultado foi muito ruim. Tudo bem se as coisas não terminam com um resultado perfeito. Nenhuma criança aprende a andar sem cair várias vezes. Elas nunca aprenderiam se simplesmente se sentassem e chorassem por causa da queda; elas devem se levantar e tentar várias vezes. Logo, o andar com o qual tiveram tanta dificuldade progride para uma corrida.

Tome uma decisão hoje de ser mais decidido. Você vai descobrir o quanto de confusão vai cortar de sua vida e em breve estará progredindo em vez de caminhar indecisamente para lugar nenhum.

29 Pense Antes de Falar

"Antes de falar, pergunte-se se o que vai dizer é verdade, é gentil, é necessário, é útil. Se a resposta for não, talvez o que você esteja para dizer não deveria ser dito."

— Bernard Meltzer

Quem guarda a sua boca guarda a sua vida, mas quem fala demais acaba se arruinando.

— *Provérbios 13:3*

Arrumei muitas confusões complicadas em minha vida por não pensar antes de falar. Ao longo dos anos, tenho feito progressos e adquirido sabedoria nesta área, mas ainda cometo erros e sempre tenho de me lembrar de PENSAR ANTES DE FALAR!

De acordo com o livro de Tiago, a língua é um mal incontrolável (ver Tiago 3:8). É a faísca a partir da qual muitos problemas com frequência se desenvolvem, e se nós não a mantivermos sob controle, muitas vezes veremos como consequência o equivalente a um incêndio na floresta. As palavras são depósitos de poder, mas transportam e transmitem tanto o lado negativo como o positivo. Se falarmos por meio da carne em vez do espírito, o poder transmitido será negativo. O escritor de Provérbios escreveu que a língua tem poder sobre a vida e sobre a morte (ver Provérbios 18:21). Essa é uma afirmação forte e deve ser seriamente considerada.

Todo tipo de animal pode ser domesticado, mas a língua não pode ser domesticada sem a ajuda de Deus. Devemos ouvir cuidadosamente os sussurros do Espírito Santo dentro de nós e parar de falar no momento em que recebermos um sinal de que estamos indo na direção errada. Melhor ainda, não devemos sequer começar a conversar até obtermos o "vá em frente" de Deus. Há muitas ocasiões nas quais quero falar com meu marido sobre alguma coisa, mas tenho uma sensação lá no fundo de que simplesmente não é a hora certa. Por anos ignorei essa sensação e falei quando queria; e por todos aqueles anos minha boca causou problemas complicados para a minha vida. Assumi um compromisso de escutar mais e falar menos, mas devo admitir, preciso de ajuda. Que tal você orar por mim e eu orar por você enquanto você lê este livro? Vamos acreditar que juntos teremos a graça de Deus para ouvir a sabedoria (de Deus) e pensar antes de falar.

30 Procure Agradar a Deus

"O lugar mais seguro para se estar é na vontade de Deus."

— AUTOR DESCONHECIDO

Acaso busco eu agora a aprovação dos homens ou a de Deus? Ou estou tentando agradar a homens? Se eu ainda estivesse procurando agradar a homens, não seria servo de Cristo.

— *Gálatas 1:10*

No versículo acima, o apóstolo Paulo diz que se ele estivesse tentando ser popular junto às pessoas, não teria se tornado um apóstolo do Senhor Jesus Cristo. A pressão para agradar as pessoas irá construir um muro que nos impede de agradar a Deus e cumprir o destino que Ele estabeleceu para nós.

É normal desejar aceitação. A maioria de nós experimenta rejeição no início da vida por parte de alguém. Não importa de quem vem — pais, irmãos, professores ou colegas — sempre dói e a memória dolorosa nos leva a fazer praticamente qualquer coisa para evitá-la no futuro. O medo da rejeição nos leva a reagir emocionalmente em vez de sabiamente. A sabedoria sempre faz agora o que trará satisfação mais tarde na vida, mas as emoções fazem o que parece bom agora. Elas nos empurram para fazer o que for preciso para evitar o sofrimento e o desconforto.

Durante anos deixei as pessoas me controlarem, mas com o tempo descobri que elas realmente não se importavam comigo. Estavam me usando para torná-las felizes, mas não tinham interesse na minha alegria. Quando recebi o chamado de Deus para estar no ministério, todas as pessoas que eu achava que eram minhas amigas me rejeitaram sem hesitação. Eu não estava mais fazendo o que elas aprovavam, então não era mais necessária na vida delas. Fiquei profundamente magoada e me senti muito sozinha, mas sou grata a Deus por ter me dado a graça de decidir por Ele e não por elas.

Tremo só de pensar que eu poderia ainda estar vivendo uma vida falsa de exigências, tentando ganhar a aprovação de pessoas que não se preocupam genuinamente comigo. As pessoas que são verdadeiras amigas vão ajudá-lo a ser tudo o que Deus quer que você seja. Não vão usá-lo e depois descartá-lo, quando você não agradá-las mais. Tentar agradar a todas as pessoas o tempo todo realmente vai complicar sua vida, porque todos parecem esperar algo diferente. Quando você passa muito tempo e energia tentando agradar aos outros, corre um grande risco de perder a si mesmo. Lembre-se sempre de que Deus deve ser o número um em sua vida. Mesmo que todos os outros se afastem, Ele promete nunca deixar ou abandonar você.

31 Não Aceite Condenação

"A compaixão irá curar mais pecados mais do que a condenação."

— HENRY WARD BEECHER

Portanto, agora, nenhuma condenação há para os que estão em Cristo Jesus, que não andam segundo a carne, mas segundo o espírito.

— *Romanos 8:1, ARC*

Condenação é um sentimento de culpa e vergonha que coloca você para baixo. É por isso que muitas vezes as pessoas usam a expressão estar "debaixo" de condenação. Por exemplo, poderíamos dizer: "Jane estava com sua agenda desorganizada e perdeu a excursão escolar; agora ela está debaixo de um sentimento de condenação. Ela se sente culpada e envergonhada, desde que isso aconteceu."

Jesus vem para nos levantar, não para nos colocar para baixo. É o diabo que quer nos colocar para baixo e nos manter lá. Ele traz condenação, mas Jesus oferece o perdão e a restauração. O diabo oferece complexidade e confusão; Jesus oferece a simplicidade em sua forma mais pura. Toda vez que pecamos, o Espírito Santo nos convence, mas o diabo tenta nos denunciar e condenar. Precisamos saber a diferença. A convicção tem a finalidade de nos levar a admitir o nosso pecado e nos arrepender. A condenação apenas nos faz sentir culpa e realmente nos enfraquece e nos mantém no ciclo de pecado.

Devemos decidir não aceitar a condenação. Você não tomaria veneno se alguém lhe oferecesse, então por que aceitar a condenação quando a Bíblia ensina claramente que Jesus Cristo nos libertou da condenação? Ele pagou o preço por nossos pecados, morrendo na cruz e ressuscitando dos mortos. Se acreditamos em Deus e olhamos para Ele como nosso Salvador, ficamos livres do poder do pecado (ver Romanos 6:7-8), que creio, é a condenação.

Já que nós realmente pecamos e cometemos erros, não há nenhuma esperança de a vida ser simples se o nosso destino for sucumbir à condenação, pressão e culpa cada vez que fracassamos. Graças a Deus, Ele nos libertou por meio de Jesus Cristo e nos oferece uma vida simples, cheia de paz e alegria. Essa vida já está disponível; tudo o que você precisa fazer é acreditar e receber!

32 Recuse-se a Viver com Medo

"Coragem é resistência ao medo, domínio do medo, e não ausência do medo."

— Mark Twain

O Senhor é a minha luz e a minha salvação; de quem terei temor? O Senhor é o meu forte refúgio; de quem terei medo?

— *Salmo 27:1*

Não há certamente nada simples no medo. Ele o atormenta, impede o progresso e é um grande obstáculo que Satanás usa contra as pessoas para mantê-las fora da vontade de Deus. Há muitas pessoas que tendem a ter medo. Sentem medo de outras pessoas, do passado, do futuro, de lhes faltar algo, da perda, de altura, de elevadores, de água, de germes. Praticamente qualquer coisa que você imaginar, alguém pode temer. Podemos sentir medo, mas não temos de nos entregar a ele. Podemos fazer tudo o que precisamos e queremos fazer, mesmo se tivermos de "fazer com medo." Coragem não é ausência de medo, mas agir na presença do medo.

Toda vez que Deus nos leva a fazer algo, Ele sempre provê tudo que precisamos para a tarefa. Ele nos dá a capacidade, ajuda, recursos, coragem, sabedoria e tudo o mais que é necessário para terminá-la bem. Podemos não ver ou sentir as provisões de imediato, mas à medida que andamos em fé, essas coisas sempre estarão presentes. Satanás usa o medo para nos fazer recuar, mas Deus quer que percorramos todo o caminho e vejamos nossos sonhos realizados.

À medida que eu buscava uma vida simples, Deus tornou óbvio para mim que eu não devia desperdiçar muito tempo com pessoas que eram extremamente medrosas. Nós não podemos vencer nossas batalhas quando estamos rodeados de medo. Gideão estava indo para a guerra, e Deus lhe disse que a primeira coisa que ele precisava fazer era se livrar de todos os soldados que estavam com medo, e isso significou cerca de dois terços deles (ver Juízes 7:3). Não estou sugerindo que rejeitemos as pessoas que têm medo, mas estou dizendo que se quisermos cumprir a vontade de Deus, precisamos estar rodeados de pessoas que compreendem a natureza do medo e se recusam a ser governadas por ele.

O medo distorce nosso pensamento, atormenta-nos emocionalmente e faz com que ajamos de forma irracional, e, em geral, complica *tudo*. É tempo de dizer não ao medo. Deus não nos deu espírito de covardia, mas de poder, de amor e de equilíbrio (ver 2 Timóteo 1:7).

33 Siga Seu Coração

"O contentamento profundo do coração é como um ímã que indica a estrada da vida. É preciso segui-lo, ainda que você entre em um caminho cheio de dificuldades."

— Madre Teresa

Por estarmos unidos com Cristo, por meio da nossa fé nele, nós temos a coragem de nos apresentarmos na presença de Deus com toda a confiança.

— *Efésios 3:12, NTLH*

Você provavelmente está familiarizado com a citação, "Que o teu coração seja verdadeiro." Uma das maneiras de tornar nossa vida muito complicada é quando nos afastamos muito do curso e ignoramos o que é realmente importante para nós. Se deixarmos de lado nosso próprio coração e seguirmos o que o mundo pensa sobre o que deveríamos e precisaríamos fazer, ficaremos insatisfeitos e vazios. A vida será sem graça. Iremos fazer um esforço medíocre para realizar algo, mas nada irá nos satisfazer. O que você quer da vida? O que você acha que é a vontade de Deus para você? Algumas pessoas passam tanto tempo cumprindo o que elas acham que são suas obrigações que nem sequer sabem o que *elas* querem. Nunca se questionam porque imaginam que seja algo totalmente fora de alcance.

Quando pergunto o que você quer da vida, não estou falando sobre um desejo egoísta, estou me referindo ao desejo do coração. Há algo no fundo do seu coração que Deus colocou lá. Todos são chamados e equipados para fazer algo e isso inclui você! É preciso coragem para seguir seu coração em vez de seguir a multidão. Quando Deus me chamou para ensinar a Sua Palavra, não era aceitável que mulheres fizessem isso. Perdi meus amigos e até familiares me rejeitaram como uma rebelde que estava enganada e mal orientada. Eu não tinha uma reputação muito boa entre as pessoas da nossa comunidade, mas por outro lado, nem Jesus tinha. Ainda é uma maravilha para mim que eu tenha encontrado coragem para seguir a Deus e não a multidão. Eu acho que estava tão cheia da "vida normal" que estava disposta a fazer algo radical se isso me levasse a sentir satisfação interior.

Certamente não é simples ter sonhos e visões em seu coração que você ignora e constantemente tenta sufocar, enquanto simultaneamente você se esforça para gostar de fazer algo que na realidade odeia. Você pode pensar que vai complicar sua vida se acabar fazendo com que algumas pessoas fiquem zangadas a fim de seguir o seu coração, mas a verdade é que seguir seu coração é absolutamente necessário se você realmente pretende desfrutar de uma vida simples de obediência sincera a Deus.

34 Não Tenha Medo do Que os Outros Pensam

"A reputação de um homem é o que as outras pessoas pensam dele; seu caráter é o que ele realmente é."

— John Milton

Mas quando chegam as preocupações desta vida, o engano das riquezas e os anseios por outras coisas sufocam a palavra, tornando-a infrutífera.

— *Marcos 4:19*

Ficar excessivamente preocupado com o que os outros pensam é uma porta aberta para o sofrimento. Naturalmente, todos nós gostamos que os outros nos tenham em alta consideração, mas não é possível que todos gostem de nós o tempo todo. Alguém vai pensar algo negativo sobre você e não há nada que você possa fazer a respeito. Se não for uma pessoa, será outra. Mas, por outro lado, às vezes nos preocupamos com o que as pessoas pensam e a verdade é que, no final das contas, elas não estão nem pensando em nós!

A Bíblia diz que devemos lançar todas as nossas preocupações sobre Deus, porque Ele cuida de nós (ver 1 Pedro 5:7), e isso inclui a preocupação com o que as pessoas pensam. Só posso viver a minha vida para agradar a Deus, e se as pessoas não estão satisfeitas, então vão ter de levar isso a Deus, não a mim. Se tentar agradar a Deus e às pessoas, a vida fica muito complicada e eu fico confusa e frustrada. Senti rejeição no começo, quando decidi viver para agradar a Deus, mas depois de um tempo, Ele me deu novos amigos que estavam buscando a mesma coisa que eu, e, juntos, enfrentamos o medo do que as pessoas pensam.

Na economia de Deus, nós geralmente temos de estar dispostos a perder algo que temos a fim de obter o que realmente queremos. Por que se agarrar a algo que nunca vai satisfazê-lo? Não viva sob a tirania do que as pessoas pensam. Pare de tentar convencê-las de suas boas intenções e deixe-as pensar o que quiserem. Deus é o seu defensor; Ele vai defendê-lo no devido tempo.

O que os pensamentos de alguém fazem por você? Por que viver sua vida com medo de um pensamento? Deus não nos deu o Seu Espírito Santo para que sejamos escravos do medo (ver Romanos 8:15). Faça a escolha de se preocupar com o que Deus pensa mais do que com qualquer outra pessoa e isso vai simplificar muito sua vida.

35 Mantenha o Conflito Fora de Sua Vida

"O calor e a animosidade, a discussão e o conflito podem aguçar a inteligência, embora raramente o façam; nunca reforçam a compreensão nem aclaram a perspicácia, orientam o julgamento ou aprimoram o coração."

— Walter Savage Landor

É uma honra dar fim a contendas, mas todos os insensatos envolvem-se nelas.

— *Provérbios 20:3*

Quando falamos de conflito, estamos falando de todas as acaloradas divergências, brigas, discussões e acessos de fúria. Podemos ter conflitos com amigos, família e tarefas diárias da vida. A Bíblia nos ensina que o servo do Senhor não deve andar brigando (ver 2 Timóteo 2:23-24). Diz que devemos ficar longe de controvérsias tolas e inúteis (desinformadas, pouco edificantes, absurdas) sobre questionamentos ignorantes, porque elas criam conflitos e discórdias.

Para manter conflitos e discórdias fora de nossa vida, devemos estar dispostos a evitar conversas que levam à mágoa e confusão. Posso perceber quando Dave e eu estamos tendo uma conversa que está se tornando um pouco acalorada. Nesses momentos, costumo muitas vezes simplesmente optar por parar, porque nessas ocasiões o que estamos debatendo é, frequentemente, algo que não vale a pena discutir. Pode até ser algo sobre o que não temos informações suficientes para discutir.

Nosso desejo humano de estarmos certos muitas vezes nos leva a um grande conflito. A fim de manter as desavenças e disputas fora de sua vida, leve em conta a ideia de que mesmo que você realmente acredite que está certo, existe a possibilidade de que esteja errado. Ter razão é algo altamente superestimado. Nós causamos todos os tipos de problemas só por tentarmos provar que estamos certos, e para que serve isso, afinal? Para satisfazer a carne, mas Deus nos chamou para a paz.

Vamos voltar à definição de conflito: discussão, brigas, conversas acaloradas e um acesso de fúria. Tudo isto me faz sentir que a vida é realmente complicada, mas a paz é simples e agradável. O conflito bloqueia nossas bênçãos e abre a porta para todos os tipos de problemas. O conflito nos enfraquece, mas o entendimento aumenta a nossa energia. Como diz o velho ditado, "Unidos venceremos, divididos cairemos".

Na próxima vez que você tiver uma discussão com alguém, pare e pergunte-se se o que estão debatendo realmente é algo pelo qual vale a pena perder a paz.

36 Seja Positivo

"Um pessimista vê uma dificuldade em cada oportunidade; um otimista vê uma oportunidade em cada dificuldade."

— Winston Churchill

E vos renoveis no espírito do vosso entendimento.

—Efésios 4:23, ARA

Ser positivo é uma escolha. É uma atitude com a qual decidimos viver e que abre a porta para Deus trabalhar em nossa vida. Contudo, também temos a opção de ser o contrário — podemos ser negativos e abrir uma porta para permitir que o diabo trabalhe. Quando o ambiente é cheio de negatividade, deixa uma sensação de peso e uma carga que não precisamos suportar. Mesmo se sua situação parecer negativa, ser negativo não irá ajudar a corrigi-la. Seu problema é realmente um problema ou o problema é a maneira como você o vê?

Quando permitimos que a negatividade se incline sobre nossa perspectiva e se torne um filtro para todas as coisas, perdemos nossa alegria e paz. Uma pessoa negativa não irá obter respostas de Deus, consequentemente, ela se sente confusa com relação ao que fazer e tudo vai de mal a pior. Por que não ajudar a si mesmo e a todos ao seu redor, decidindo olhar para o lado bom?

Durante muitos anos de minha vida, fui uma pessoa muito negativa. Fui criada em um ambiente negativo, e, por ignorância, eu simplesmente continuei da forma que sempre conheci. Posso dizer que minha vida não era agradável. Não era nada simples, porque tive meus desafios e os tornei muito piores com uma atitude ruim. Parecia que sempre tinha problemas e só o que eu fazia era reclamar de tudo, o que apenas aumentava a intensidade deles. Só quando finalmente comecei a me concentrar nos pontos positivos e me livrei dos negativos o meu mundo se acalmou e foi possível voltar à paz.

Você pode mudar o ambiente em que vive de negativo para positivo começando agora mesmo. Deus está esperando para responder a muitas daquelas orações que você fez, e Ele precisa que você viva com uma atitude de fé. Tenha uma conversa consigo mesmo e lembre-se de que ser negativo não faz nenhum bem, então, por que desperdiçar o seu tempo com algo que é inútil? Concentre-se no lado positivo da vida e você ficará surpreso com tudo de bom que pode encontrar.

37 Pare de Fazer Coisas que Você Não Consegue Fazer Direito

"Trabalhe naquilo que você é bom e todo o resto correrá bem."

— Willnett Crockett

Reconheça o Senhor em todos os seus caminhos, e Ele endireitará as suas veredas.

— *Provérbios 3:6*

Você está tentando acompanhar todas as pessoas que conhece no que se refere a talento e capacidade? Sempre se encontra aquém de algumas dessas coisas? Qualquer pessoa que pretenda simplificar sua vida deve aprender a dedicar pelo menos oitenta por cento do seu tempo aos seus dois ou três pontos fortes e parar de perder tempo fazendo coisas que não consegue fazer bem. Todos nós somos incentivados pela realização e, portanto, se continuarmos executando o que nos faz sentir um fracasso, não teremos o incentivo que precisamos para desfrutar de nossa vida.

Você não tem de fazer algo bem apenas porque alguém que conhece faz isso bem. Minha vizinha era a dona de casa perfeita. Ela costurava as roupas da família, tinha um jardim, era uma grande decoradora e cozinheira, poderia ser comparada a Martha Stewart. Eu, por outro lado, não conseguia costurar, não tinha jardim, e era, na melhor das hipóteses, uma cozinheira medíocre. Tentei plantar um jardim, mas detestei. Tentei costurar e odiei ainda mais do que o jardim. Estava infeliz e a vida parecia muito complicada, porque eu passava o dia todo fazendo coisas que detestava apenas para que pudesse me sentir como uma "mulher normal".

Deus precisava me ensinar que mesmo que eu não fosse como minha vizinha, não significava que algo estava errado comigo. Eu tinha de ser ousada o suficiente para parar de fazer coisas que não fazia bem e parar de me preocupar com o que as pessoas pensavam. Se todos nós fôssemos bons nas mesmas coisas, um monte de necessidades neste mundo jamais seria satisfeita. Deus prepara cada um de nós de uma maneira diferente, e é trabalhando em conjunto, cada um com seus próprios talentos e pontos fortes, que realizaremos a Sua vontade.

38 Não se Preocupe com Seus Filhos

"Quando me aproximo de uma criança, ela me inspira dois sentimentos: ternura, pelo que é, e respeito pelo que pode vir a ser."

— Louis Pasteur

Quem de vocês, por mais que se preocupe, pode acrescentar uma hora que seja à sua vida?

— *Mateus 6:27*

Algumas pessoas sentem que se não se preocupam com seus filhos, não são bons pais, no entanto, a Bíblia nos ensina que preocupação não é a vontade de Deus e é inútil. Acredito que a preocupação é como se balançar numa cadeira de balanço. Ela o mantém ocupado, mas não leva a lugar nenhum.

Faça o melhor trabalho que puder para criar seus filhos de acordo com princípios cristãos e deixe o resto para Deus! Quando nos preocupamos, mostramos que realmente não confiamos em Deus. Precisamos orar por nossos filhos e, em seguida, lançar nossas preocupações sobre Deus.

Tenho quatro filhos já adultos que estão servindo a Deus, mas tenho certeza de que desperdicei muito tempo me preocupando enquanto eles estavam crescendo. Ficava imaginando se algum deles poderia até mesmo vir a sobreviver se eu saísse de casa, mas para minha surpresa, eles se saíram muito bem. Seus filhos podem ser mais capazes do que você pensa que são. Não tenha medo de deixá-los abrir as asas e tentar voar sozinhos no momento certo.

Como a maioria dos pais, nós tínhamos algum tipo de problema com cada um de nossos filhos. Dois deles tiveram dificuldades na escola, uma era muito bagunceira e a outra era extremamente perfeccionista e colocava uma enorme pressão sobre si mesma. A boa notícia é que todos eles conseguiram se sair bem e continuam indo muito bem. Alguns deles se desviaram um pouco e fizeram algumas escolhas erradas, mas aprenderam com isso e voltaram para o que lhes foi ensinado. A Palavra de Deus declara que, se nós os instruirmos no caminho que devem seguir, quando forem velhos não se desviarão dele (ver Provérbios 22:6).

Se você estiver preocupado com um de seus filhos, simplesmente se apegue a essa promessa que acabei de mencionar. Preocupar-se só vai fazer com que se sinta confuso e complicar sua vida. Não vai ajudar seus filhos, então, por que não colocar a energia que você normalmente usa se preocupando crendo em Deus e observando-o trabalhar a seu favor?

39 Evite o Excesso de Raciocínio

"O tempo faz mais transformações do que a razão."

— Thomas Paine

Confie no Senhor de todo o seu coração e não se apoie em seu próprio entendimento.

— *Provérbios 3:5*

A Palavra de Deus nos ensina a não confiar em nosso próprio entendimento. Isso significa simplesmente que não precisamos perder nosso tempo tentando entender coisas que só Deus sabe. Não significa que não devemos pensar sobre as coisas, mas significa que não devemos nos tornar obcecados pelos desafios e os conflitos que aparecem diariamente. Deus nos convida a simplificar nossa vida, confiando Nele e vivendo em fé, mas a confiança sempre significa que teremos algumas perguntas não respondidas em nossa vida. Se soubéssemos tudo, não precisaríamos de Deus! Admita que você não sabe tudo e não se preocupe com isso. Não é o seu trabalho ter todas as respostas; seu trabalho é confiar em Deus para dar as respostas no tempo certo.

Durante um momento de desespero, ao perceber que precisava simplificar minha vida, uma das primeiras coisas que tive de abrir mão foi do raciocínio. Minha mente tinha de ser simples se a minha vida ia ser simples. Tive de parar de analisar e de me preocupar com coisas que não devia. Ficar constantemente concentrando minha mente em torno de cada assunto, tentando chegar a uma resposta que fizesse sentido, certamente não era simples. Sentia-me mentalmente esgotada na maior parte do tempo e muito do que pensei que havia descoberto acabou se mostrando errado. Deus me revelou que eu era viciada em raciocínio. Não conseguia me acalmar e me sentir tranquila até pensar que havia entendido tudo na vida. Tinha de ser "desmamada" do raciocínio, como um bebê que tem de se desacostumar da chupeta.

Finalmente tomei a decisão de parar de tentar entender as coisas, mas demorou um pouco para minha carne sossegar e eu me sentir em paz quando tinha perguntas não respondidas. Cada vez que eu começava a me sentir confusa, sabia que havia me metido no meu velho hábito e dizia em voz alta: "Deus, eu confio no Senhor e me recuso a entrar no raciocínio." Gradualmente, comecei a ficar completamente livre do que eu chamo de "a necessidade de saber". Agora estou tranquila sem saber, porque conheço a Deus e Ele sabe tudo. Ele também vai me deixar saber se e quando eu precisar saber, por isso, enquanto espero, posso descansar em Seu amor e sei que Ele está no controle. Este processo demorou um pouco para se desenvolver em minha vida, mas tem valido a pena. Se você é alguém que tenta analisar tudo demasiadamente, sugiro que comece hoje a romper com seu vício de raciocínio e aprenda a confiar no *Raciocinador Mestre*, o Próprio Deus!

40 Tenha Amigos Simples

"Algumas pessoas entram em nossa vida e se vão rapidamente. Algumas ficam um pouco e deixam pegadas em nosso coração. E nós nunca, nunca mais seremos os mesmos."

— Autor desconhecido

Não se associe com quem vive de mau humor, nem ande em companhia de quem facilmente se ira.

— *Provérbios 22:24*

As pessoas com as quais passamos tempo nos afetam, por isso é lógico que se queremos ter uma vida mais simples não devemos ter um monte de gente complicada como amigos íntimos. Se estou perto de pessoas que são muito intensas e estão sempre estressadas, elas irão me estressar, mas se estou perto de pessoas que são tranquilas, isso me ajuda a ficar calma também. Quando estou perto de pessoas que são alegres e desfrutam completamente até das coisas mais simples da vida, elas me lembram de fazer o mesmo.

Ter um relacionamento íntimo com uma pessoa que é extremamente insegura pode ser complicado. Você está sempre tomando cuidado para não ferir seus sentimentos, em vez de ser livre para ser você mesmo e gostar de estar próximo de seus amigos. Da mesma forma, não é fácil ficar perto de pessoas negativas. Elas se assemelham a nuvens escuras em todos os lugares que vão.

Nem todos entendem a importância de escolher amigos com sabedoria. Limitam-se a se envolver com quem está por perto, e, muitas vezes, essas escolhas representam a fonte de muitos de seus problemas. Algumas pessoas podem mudar drasticamente a qualidade de sua vida apenas mudando as pessoas com quem passam seu tempo.

Tive muita complicação em minha vida e não quero passar meu tempo de lazer com uma pessoa que parece complicar cada plano, conversa e momento que tentamos passar juntas. Faça uma lista de suas amizades, e se seus amigos não estiverem ajudando você a crescer, considere a possibilidade de fazer algumas mudanças.

41 Encontre a Forma Mais Eficiente de Fazer as Coisas

"Os homens que têm sucesso são os **eficientes**. Eles são os poucos que têm a ambição e força de vontade para se desenvolver."

— Robert Burton

Sejam sábios no procedimento para com os de fora; aproveitem ao máximo todas as oportunidades.

— *Colossenses 4:5*

Posso me lembrar de um tempo em minha vida em que eu passava dias e gastava um monte de gasolina tentando conseguir um par de sapatos em liquidação. Pensava que estava sendo simples, procurando aqueles em liquidação, mas finalmente me ocorreu que eu estava perdendo mais tempo e dinheiro do que economizando. Nós nos esquecemos que para a maioria de nós tempo é dinheiro. Se você perder seu tempo, está desperdiçando uma das dádivas mais preciosas que Deus lhe deu. Depois que o tempo é usado, não dá para recuperá-lo, então devemos empregá-lo de forma sábia.

Por exemplo, aprenda a reunir tarefas. Você pode pensar que está indo bem, porque está fazendo tudo na hora em que pensa sobre isso, sem procrastinar, mas quando se trata de tarefas, essa nem sempre é a melhor estratégia. Trace uma rota em que você não perca nem tempo nem gasolina e reserve um período específico a cada semana para ir onde precisa. Isso irá ajudá-lo a não se sentir tão exausto. Se você sente que está constantemente correndo de um lado para outro, talvez você esteja mesmo!

Recentemente comecei a anotar as chamadas telefônicas que precisava fazer e reservei um tempo específico para fazer todas as minhas ligações naquele dia. Isso evita que eu sinta que estou no telefone o tempo todo. Sei que algumas chamadas não podem esperar, mas muitas delas podem. Além disso, lembre-se de que você não tem de atender a todas as chamadas que chegam ao seu telefone. A tecnologia de hoje nos permite saber na maioria das vezes quem está ligando, e talvez seja alguém que você pode retornar mais tarde, quando for fazer as ligações. Isso irá ajudá-lo a sentir que está comandando o seu dia, em vez do seu dia estar comandando você.

Existem muitas maneiras de poupar tempo e precisamos ter tempo para examiná-las. Pense no que você tem feito recentemente e verifique se pode criar maneiras de se tornar mais eficiente. Isso será um grande começo para conquistar uma vida simples.

42 Seja Grato

"Nenhum dever é mais urgente do que demonstrar gratidão."

— Autor desconhecido

Darei graças ao Senhor por Sua justiça; ao nome do Senhor Altíssimo cantarei louvores.

— *Salmo 7:17*

Ser grato e dizer isso nos ajuda a adotar uma abordagem mais simples da vida. Todos nós podemos encontrar muita coisa para nos queixar, se procurarmos, mas se isso não faz bem, por que fazê-lo? Deus nos diz em Sua Palavra para fazermos tudo sem queixas, reclamações e sem colocarmos defeito em coisa alguma (ver Filipenses 2:14). Na verdade, Ele diz que quando murmuramos e resmungamos, na realidade, estamos implicando com Ele.

O apóstolo Paulo nos ensina que não devemos ficar ansiosos por coisa alguma, mas em tudo, pela oração em súplicas, e com ação de graças, deveríamos apresentar nossos pedidos a Deus e somente então a paz que excede todo o entendimento será nossa (ver Filipenses 4:6-7). Lembro-me de uma vez quando pedi a Deus para me dar algo e Sua resposta foi que não havia razão para Ele me dar mais alguma coisa para eu reclamar. Ele me mostrou que não importava o que eu tivesse, sempre encontrava uma maneira de reclamar do que não tinha. Tenho trabalhado desde aquele tempo para contar as minhas bênçãos e expressar minha gratidão.

Ter um coração grato a Deus mostra que estamos prontos para um novo nível de bênçãos. Ação de graças é parte do estilo de vida de quem realmente adora e louva a Deus. Reclamar durante toda a semana e depois ir à igreja, cantar algumas músicas no domingo e chamar isso de adoração não faz com que realmente seja. Não quero simplesmente adorar. Quero ser um adorador que adora a Deus em espírito e em verdade, que é Sua vontade (ver João 4:24).

Uma atitude de gratidão certamente contribui para simplificar a vida. Ela mantém nossa mente livre para se encher de pensamentos que transmitem paz e alegria, em vez de perturbação. Além disso, mantém a nossa conversa em uma direção que cria uma atmosfera positiva que todos podem desfrutar.

43 Considere as Consequências Antes de Assumir Compromissos

"Quem mais demora a prometer é mais fiel no cumprir."

— Jean-Jacques Rousseau

Sobretudo, meus irmãos, não jurem nem pelo céu, nem pela terra, nem por qualquer outra coisa. Seja o sim de vocês, sim, e o não, não, para que não caiam em condenação.

— *Tiago 5:12*

É muito imprudente dizer sim a um compromisso sem realmente considerar todos os aspectos que ele exigirá, embora a maioria de nós nunca pense em alguma coisa antes de se comprometer. Algo pode parecer emocionante na segunda-feira, mas a menos que seja alguma coisa que somos obrigados a cumprir e com a qual estejamos prontos a nos envolver, até sexta-feira será monótono.

Muitas pessoas complicam a vida porque dizem sim a demasiadas coisas, sem entender as consequências do que terão de renunciar ou do que terão de acrescentar à sua agenda já repleta. Muitas vezes emitimos nossa opinião sobre um assunto de cabeça cheia e, mais tarde, desejamos ter ficado calados. É triste dizer, mas desejar não muda nada. Se quisermos mudar, devemos mudar a forma como fazemos as coisas.

Você realmente quer pagar um valor muito alto durante cinco anos por um carro só para ter um modelo mais novo, quando o automóvel que você tem já está pago e servindo-o muito bem? Qualquer pessoa pode simplificar bastante a vida diminuindo o ritmo e realmente pensando sobre aquilo em que está prestes a se meter. Antes de assumir um grande compromisso, afaste-se um pouco e dê a si mesmo alguns minutos. Deixe suas emoções se acalmarem e depois decida. Se o desejo permanecer e você sentir que está certo, então faça-o, caso contrário, conserve a sua vida simples e evite ficar sobrecarregado.

44 Ore por Tudo

"Ore e deixe Deus se preocupar."

— Martin Luther

Orem no Espírito em todas as ocasiões, com toda oração e súplica; tendo isso em mente, estejam atentos e perseverem na oração por todos os santos.

— *Efésios 6:18*

Quanto mais tentamos fazer as coisas por conta própria, sem pedir a Deus para se envolver, mais complicada a vida será. Precisamos de Sua bênção sobre *tudo* o que fazemos e a maneira de obter isso é por meio da oração. Em primeiro lugar, devemos orar para saber se deveríamos fazer ou não o que estamos prestes a realizar e, se devemos, precisamos depender de Deus para nos ajudar a fazê-lo. Com muita frequência nós simplesmente decidimos que queremos fazer algo e depois nos perguntamos por que existe tamanha luta.

Jesus é o Autor e Consumador da nossa fé, mas Ele não é obrigado a consumar ou concluir nada que não começou. Jesus disse que não fazia nada sem a ajuda de Seu Pai (ver João 5:30) e nós deveríamos seguir Seu exemplo.

A graça de Deus é a sua capacidade que vem até nós gratuitamente, que nos ajuda a fazer com facilidade o que nós nunca poderíamos fazer por conta própria com qualquer empenho ou esforço humano. Se você estiver tentando uma dieta nova, se pretende seguir um programa de exercícios, se irá fazer uma mudança de carreira, casar ou assumir qualquer outra coisa, lembre-se de orar por isso. Você e Deus são parceiros na vida, por isso não perca a ajuda do seu parceiro por deixar de pedir a Ele por isso. Tiago disse: "Vocês não têm porque não pedem" (ver Tiago 4:2).

Peça a ajuda de Deus e veja Sua resposta.

45 Não se Preocupe com os Homens Maus

Acredito que Deus está controlando todos os assuntos e que Ele não necessita dos meus conselhos. Com Deus no controle, acredito que tudo dará certo no final. Então, o que há para se preocupar?

— Henry Ford

Não se aborreça por causa dos homens maus e não tenha inveja dos perversos.

— *Salmo 37:1*

Paulo disse a Timóteo que nos últimos dias os tempos seriam muito difíceis e terríveis de se suportar, porque as pessoas seriam egoístas, avarentas, abusivas, rebeldes, orgulhosas e arrogantes (ver 2 Timóteo 3:1). Amigos, estamos vivendo nesses tempos que Paulo falou. Algumas dessas pessoas podem ter vindo à sua mente enquanto você lê essas palavras. Nestes dias, certamente seria muito fácil se preocupar com inúmeras coisas, incluindo esses tipos de pessoas, mas Deus nos diz para não nos aborrecermos por causa dos homens maus, mas para confiar Nele e continuar fazendo o bem (ver Salmo 37).

A vida se torna muito complicada se não permanecemos concentrados no que é certo. Nossa tendência é focar no problema imediato, mas o que realmente precisamos fazer é nos concentrar em fazer a vontade de Deus. Às vezes fico muito cansada de ouvir as pessoas falarem sobre todos os problemas em nosso mundo de hoje. Creio que deveríamos falar sobre o que podemos fazer para torná-lo um lugar melhor, não apenas o que está errado com ele.

Não estou sugerindo que ignoremos os problemas, mas em vez de nos preocuparmos com eles, vamos procurar soluções.

Jesus teve problemas em Sua época, mas Ele se concentrou em obedecer a Deus e ajudar as pessoas. Deus cuidará dos malfeitores no devido tempo. Ele diz que em breve vamos procurar onde eles costumavam ficar e eles terão desaparecido (ver Salmo 37:10). Às vezes parece que aqueles que fazem o mal realmente se saem melhor do que as pessoas boas e isso é frustrante e confuso. Mas Deus promete que, no final, os mansos herdarão a terra (ver Salmo 37:11). Eu me recuso a desperdiçar o meu tempo ficando frustrada com as más decisões de outra pessoa. Ainda acredito que há mais coisas boas no mundo do que más e estou empenhada em olhar para essas coisas e falar sobre elas.

46 Confie em Deus para Mudá-lo

"Você não pode mudar as circunstâncias e não pode mudar as outras pessoas, mas Deus pode mudar você."

— Evelyn A. Theissen

Mas, pela graça de Deus, sou o que sou, e sua graça para comigo não foi em vão; antes, trabalhei mais do que todos eles; contudo, não eu, mas a graça de Deus comigo.

— *1 Coríntios 15:10*

Você sempre luta consigo mesmo? Você vê coisas sobre si mesmo que sabe que precisa mudar e tenta desesperadamente mudá-las? Fiz isso por muitos anos e foram alguns dos mais complicados e frustrantes anos de minha vida. Finalmente vi, através da graça de Deus, que foi um desperdício de tempo tentar corrigir algo que só Deus poderia tratar.

Paulo escreveu que Deus começou a boa obra em nós e Ele vai completá-la (ver Filipenses 1:6). Tento me lembrar de que Deus não me convidou para o jogo, jogou a bola para mim e me disse para fazer o gol sozinha. Nós recebemos tudo o que precisamos da mesma maneira que recebemos Jesus: crendo. A única coisa que recebemos através da luta e do esforço é a frustração. Eu me lembro de colocar uma placa na minha geladeira que dizia: "Frustração = obras da carne". Deus graciosamente tem me ensinado que cada vez que me sinto frustrada, é porque estava assumindo e tentando fazer algo sem a Sua ajuda. É o que a Sua Palavra chama de "obras da carne" e é algo que Ele detesta. Honramos a Deus quando dependemos Dele em todas as coisas.

Quando Deus nos mostra algo que está errado conosco, tudo o que Ele quer que façamos é que concordemos com Ele e que nos arrependamos. Recomendo que você diga a Ele que não pode mudar a menos que Ele o ajude e que lhe agradeça diariamente por Ele estar fazendo isso. Você pode não ver os resultados no início, mas a fé funciona. Uma pessoa que vive pela fé começa por acreditar naquilo que não vê ou sente, e obtém resultados à medida que continua acreditando e esperando pacientemente. Pare de lutar consigo mesmo e acredite que Deus está trabalhando em você agora mesmo e que você vai ver os resultados. Deus pode mudá-lo para melhor e para sempre.

Confie em Deus Para Ver Mudanças em Outras Pessoas

"Confie na misericórdia de Deus para o passado, no amor de Deus para o presente e na provisão de Deus para o futuro."

— S. Agostinho

Provem, e vejam como o Senhor é bom. Como é feliz o homem que nele se refugia!

— *Salmo 34:8*

Um dos maiores erros que cometemos nos relacionamentos é quando tentamos fazer com que as pessoas sejam o que pensamos que deveriam ser. Muitas vezes, tentamos levá-las a ser e pensar como nós, mas quando fazemos isso, deixamos de perceber que Deus nos cria a todos de forma muito diferente.

Já notou como muitos de nós somos atraídos por alguém como parceiro de casamento ou até mesmo um amigo que é o nosso oposto? Por que isso? Porque essa pessoa tem o que nos falta e somos atraídos por ela, mesmo sem perceber. Isso pode ser absolutamente maravilhoso, até nos esquecermos do que nos atraiu a ela no início e começarmos a tentar mudá-la para que seja mais parecida conosco. Só Deus pode mudar as pessoas, e até mesmo Ele não pode mudá-las se elas não estiverem dispostas a mudar.

Em vez de "continuar a trabalhar nas pessoas", devemos orar para que elas estejam abertas a mudanças e permitam que Deus trabalhe na vida delas. Quando oramos para que os outros mudem, precisamos fazer isso com muita humildade, tendo em mente que temos nossos próprios defeitos.

Posso me lembrar de quando Dave e eu ficamos em uma sala e apertamos as mãos, assumindo um compromisso de nos aceitar e amar mutuamente "como somos", com os defeitos e tudo. Nós dois tínhamos estado muito ocupados tentando mudar um ao outro, mas o resultado foi que nenhum de nós estava gostando de estar juntos. A partir daquele dia em diante, as coisas melhoraram. Temos que renovar nosso compromisso com bastante frequência, porque é fácil "ter uma recaída" e começar a tentar controlar novamente. Mas sabemos, sem dúvida, que não é nossa tarefa mudar o outro. Se você quiser simplificar sua vida, ore pelas pessoas em sua vida e deixe Deus ser Deus!

48 Tenha um Amplo Círculo de Inclusão

"O único presente é uma parte de você mesmo."

— Ralph Waldo Emerson

Sobretudo, amem-se sinceramente uns aos outros, porque o amor perdoa muitíssimos pecados.

— *1 Pedro 4:8*

Deus nos chamou para amar a todos como Ele nos ama. Deus não rejeita ninguém e nós também não deveríamos fazer isso. O mundo está cheio de pessoas solitárias que são, talvez, um pouco diferentes ou não são fáceis de entender. Em vez de evitar essas pessoas, devemos nos esforçar para alcançá-las. Há uma razão pela qual cada um de nós é do jeito que é; precisamos nos lembrar de que, se não fosse pela graça de Deus em nossa vida, as pessoas que rejeitamos poderiam muito bem ser nós mesmos. Precisamos manter nosso círculo de amigos amplo e abrangente; no mínimo, deveríamos evitar estar apenas com aqueles que sentimos que são mais parecidos conosco.

Lembro-me de que me senti bastante rejeitada durante muito tempo de minha vida. Podia sentir que as pessoas não gostavam de mim e realmente não entendia o motivo. As pessoas me diziam: "Por que você age dessa maneira?" Não podia dar uma resposta porque não entendia o que havia em mim que as incomodava. Eu estava sendo a única pessoa que conseguia ser. Sofri abuso sexual por parte de meu pai e minha personalidade se tornou dura e difícil. Eu me mostrava de uma forma que fazia com que as pessoas não gostassem de mim e agia como se não me importasse. Mas a verdade era que, no fundo, eu precisava muito de amor e aceitação.

Foi só quando Jesus me aceitou incondicionalmente que comecei a ficar curada. Talvez, além de ir à igreja, devêssemos nos esforçar para *ser* a igreja e realmente fazer a obra que Jesus fez. Ele tinha um amplo círculo de inclusão e creio que isso é muito mais simples do que tentar decidir se uma pessoa possui todas as qualificações para pertencer ao meu grupo. Se parássemos de analisar os defeitos uns dos outros e apenas andássemos em amor, talvez pudéssemos aproveitar muito mais a vida.

49 Entregue a Deus

"Tudo o que tenho visto ensina-me a confiar em Deus quanto a tudo o que não vi."

— Autor desconhecido

Lancem sobre Ele toda a sua ansiedade, porque Ele tem cuidado de vocês.

— 1 Pedro 5:7

Provavelmente houve um tempo em sua vida em que você teve um problema e alguém disse: "Simplesmente entregue a Deus." Embora essa possa não ser a resposta que desejamos ouvir no momento em que estamos sofrendo, ainda é a resposta. Grande parte de nossa infelicidade e confusão é resultado de tentarmos fazer aquilo que só Deus pode fazer.

"Deixe acontecer e deixe Deus ser Deus" é realmente uma boa ideia. Simplifica imediatamente qualquer situação, por mais difícil que seja. Precisamos fazer o que for possível e, então, lançar o restante, juntamente com nossas preocupações, sobre Deus. A Bíblia diz que nós deveríamos fazer o que a crise exige e "tendo feito tudo... permanecer..." (Ef 6:13). A palavra "permanecer" traduzida no original grego significa "habitar ou descansar em Deus." A vida não é complicada quando estamos fazendo algo que parece fácil para nós, mas pode ficar sufocante quando tentamos fazer o que sabemos que não conseguimos. Faça o seu melhor e deixe que Deus faça o resto!

Pergunte a si mesmo se está tentando ser sobre-humano e fazer algo que só Deus pode fazer. Se assim for, pare agora mesmo e entregue a Deus. Diga em voz alta: "Isto é algo que não posso fazer acontecer e entrego agora mesmo a Deus". Agora, sinta o peso deixá-lo e recuse-se a pegá-lo de volta. Ainda que Deus leve mais tempo do que você planejou, não pegue de volta. Lembre-se de que todo aquele peso o deixava infeliz e que ocorrerá a mesma coisa se você continuar acolhendo-o novamente de braços abertos. Mantenha a vida simples lançando, de uma vez por todas, todas as suas preocupações, todas as suas ansiedades, todas as suas inquietações e todas as suas aflições sobre Deus. Lembre-se de que pode fazer isso porque Ele tem cuidado de você (ver 1 Pedro 5:7)!

50 Controle Seus Pensamentos

"Afaste seus pensamentos para longe de seus problemas... pelas orelhas, pelos calcanhares ou de qualquer outra forma que você puder fazer isso."

— Mark Twain

Concentra-te e examina-te.

— *Sofonias 2:1, ARA*

Pensamentos confusos e complicados geram uma abordagem confusa e complicada de tudo. Onde a mente vai, o homem vai atrás! Se você quer mudar sua vida, seus pensamentos também devem mudar. A Bíblia diz que para experimentar o bom plano que Deus tem para nós temos de renovar completamente nossa mente. Devemos aprender a pensar como Deus pensa! Será que Deus se preocupa com o que você se preocupa? Será que Ele pensa as mesmas coisas que você tem pensado sobre as pessoas? A verdade é que não são as circunstâncias que nos deixam infelizes, é a maneira como olhamos para elas. Como eu disse no início deste livro, a vida provavelmente não irá mudar, então devemos mudar nossa abordagem dela.

Você pode começar uma revolução em sua vida hoje, simplesmente mudando a maneira de ver as coisas e pensar sobre elas. Podemos controlar os nossos pensamentos ou temos de pensar apenas o que vem à mente? Com certeza podemos controlar os nossos pensamentos. Temos o livre-arbítrio e podemos aprender a escolher nossos pensamentos cuidadosamente. A mente é o campo de batalha e Satanás certamente irá tentar plantar todos os tipos de pensamentos errados em nossas mentes. Ele espera que aceitemos suas mentiras e assim ganhará a batalha da nossa vida. Ele sabe que se possuir nossa mente, ele nos possuirá.

A Palavra de Deus nos ensina a destruir pensamentos falsos (ver 2 Coríntios 10:4-5), e se Deus nos diz para fazer isso, então nós podemos fazê-lo. Aprenda a Palavra de Deus para que você possa conhecer a verdade e ser capaz de se recusar a pensar em qualquer coisa que entre em sua mente que não seja verdade. Admito que é uma batalha no começo, mas como em qualquer outra batalha, se persistir, você irá vencê-la. Você irá experimentar a vitória!

Você vive em uma casa composta de pensamentos, por isso, se é hora de reformar, comece imediatamente. Não há tempo como o presente para começar a pensar em coisas que irão beneficiá-lo.

51 Não Seja Complicado

"Nossa vida é estilhaçada pelo pormenor... simplifique, simplifique."
— Henry David Thoreau

O Senhor protege os simples; quando eu já estava sem forças, ele me salvou.

— *Salmo 116:6*

Já que este livro é sobre simplificar a vida, pode parecer óbvio que devemos evitar ser complicados, mas apenas no caso de alguém não estar entendendo, pensei em falar sobre isso. Você é como eu fui uma vez? Pode complicar o que começa como uma simples reunião? Está tão viciado em tentar fazer as coisas de modo perfeito e impressionante que elas se transformam em um pesadelo e não no sonho que você tinha em mente?

Sabia que a maioria dos pequenos detalhes com os quais mais lutamos são aqueles que ninguém percebe, mas nós e esses numerosos detalhes representamos o que nos impede de desfrutar de uma vida simples? E, ao que parece, as pessoas que estamos tentando impressionar não estão na realidade nem ligando?

Quando construímos nossa primeira casa, lembro-me de trabalhar exaustivamente nas torneiras e maçanetas. Um dia uma amiga me perguntou sobre minhas torneiras, porque ela estava construindo uma casa também, e eu não conseguia nem me lembrar de como elas eram. Isso é que é triste! Fiquei frustrada por algo que nem sequer conseguia visualizar depois. Construímos duas outras casas desde então, e ainda não apareceu ninguém para entrar em minha casa e olhar para as torneiras e maçanetas. Se elas são realmente importantes para você, gaste todo o tempo que quiser, mas se a longo prazo não irão fazer muita diferença, compre algo que pareça bonito e siga em frente.

Às vezes, examinar todas as opções apenas confunde. A maioria das pessoas (principalmente as mulheres) quer inspecionar tudo na cidade antes de tomar uma decisão, e muito provavelmente acabam ficando com algo que viram três dias e catorze lojas atrás e realmente gostaram, mas estavam com muito medo de decidir. Ou ficam tão confusas que acabam não comprando nada. Se você quiser simplificar sua vida e poupar algum tempo, tente comprar o que gosta assim que encontrar e não continue procurando durante dias, apenas para garantir, caso veja algo de que goste mais depois. Sim, ocasionalmente você pode ver alguma coisa e pensar, *puxa vida, gostaria de ter visto isso antes de ter comprado o que comprei,* mas isso raramente acontece.

Trabalhe para ter uma abordagem simples em tudo o que você faz. A vida é muito curta para viver frustrado.

52 Não Espere Perfeição

"Todos nós, ocasionalmente, fazemos o que é certo. Alguns fazem predominantemente o que é certo. Mas algum de nós sempre faz o que é certo?"

— Max Lucado

Seja a atitude de vocês a mesma de Cristo Jesus.

— *Filipenses 2:5*

Expectativas irrealistas podem rapidamente roubar sua paz e alegria. Costumamos imaginar um dia perfeito, com pessoas perfeitas, onde nós estamos perfeitamente felizes no nosso pequeno mundo perfeito, mas todos nós sabemos que essa não é a realidade. O que é real é que só Deus é perfeito e o restante de nós está *em construção*.

O diabo está vivo e bem ativo no planeta Terra, trabalhando incansavelmente para estragar qualquer coisa que puder. Ele sabe o que rouba nossa paz e o que planejar para nos deixar chateados. Em vez de entrar em pânico quando as coisas não saem exatamente do jeito que você planejou, por que não contar com alguns acidentes bobos? Nos últimos três dias, quebrei um prato (que era novo), derramei água fora do umidificador por todo o chão, deixei cair o prato de comida do cachorro e tive de tentar afastá-lo, enquanto me esforçava para recolher a comida, e também fiz quatro chaves para uma porta e quando tentei usá-las verifiquei que nenhuma delas servia — e essas são somente as coisas que me vêm à mente no momento! Eu poderia provavelmente me lembrar de mais coisas se pensasse mais um pouco.

Esses são os tipos de ocorrências que antes me deixavam muito chateada. Eu poderia bufar de irritação, reclamar e falar como se nunca nada tivesse dado certo. Nada disso poderia evitar que os acidentes bobos acontecessem. Na verdade, minha frustração fazia com que eu perdesse meu foco e criasse mais acidentes e contratempos. Depois de anos deixando o diabo roubar minha paz — e, tenho certeza, rir muito de mim — enquanto me observava tendo meus pequenos ataques, finalmente eu percebi! A vida não é perfeita e coisas que não planejei e preferia que não acontecessem vão acontecer. Minha nova atitude é: "Ah, bem, isso é a vida!" Descobri que se não deixar as coisas me afetarem emocionalmente, então elas não poderão me deprimir.

Cada um de nós tem de lidar com os inconvenientes, mas alguém que não é infantil pode lidar com eles e evitar uma atitude ruim. Esta nova atitude tem simplificado muito a minha vida. Agora eu não preciso ficar extremamente chateada todos os dias só porque as coisas não saíram do jeito que eu queria. E você também não.

53 Seja uma Pessoa Fácil de Conviver

"Reunir-se é um começo, permanecer juntos é um progresso e trabalhar juntos é sucesso."

– Henry Ford

Sem mais, irmãos, despeço-me de vocês! Procurem aperfeiçoar-se, exortem-se mutuamente tenham um só pensamento, vivam em paz. E o Deus de amor e paz estará com vocês.

— *2 Coríntios 13:11*

A maioria de nós provavelmente gostaria que as pessoas em geral fossem mais agradáveis e fáceis de conviver, mas já consideramos o nosso próprio desempenho nessa área? Por exemplo, como você reage quando não consegue o que deseja? Fica facilmente magoado? É inseguro e precisa de muita atenção para se sentir bem consigo mesmo? Como lida com a correção? É flexível? Você tem maneiras muito específicas de querer que as coisas sejam feitas e, se não forem feitas dessa forma, deixa todo mundo que conhece ciente de que não está feliz? Houve um tempo em minha vida em que as respostas a todas essas questões teriam sido constrangedoras.

Queria mudar todo mundo para que eu pudesse ser feliz, mas Deus me mostrou que, em muitos casos, eu era o problema. A verdade simples é que eu era difícil de agradar e fácil de me irritar. Queria as coisas do meu jeito e se não fosse assim eu não reagia de forma muito gentil. Naturalmente, minha atitude complicava minha vida, porque eu passava muito tempo chateada. É impossível desfrutar de uma vida simples, a menos que você seja uma pessoa fácil de conviver.

Foi realmente difícil no início admitir que eu era uma pessoa difícil de conviver, mas quando o fiz, foi o começo de um novo mundo para mim. Rapidamente descobri que era realmente mais fácil me adaptar do que exigir que as coisas fossem do meu jeito e passar horas discutindo para obter o que queria. Constatei que as pessoas davam o seu melhor, e pude parabenizá-las em vez de descobrir a única coisa que não fizeram de acordo com minhas especificações e tomar providências para corrigi-la. Aprendi que poderia simplesmente deixar passar muitas coisas, pois realmente não faria qualquer diferença no resultado geral. Ao ser capaz de desistir dessas coisas insignificantes, minha vida ficou um pouco mais simples.

Certamente não estou pressupondo que todos os meus leitores são difíceis de conviver, mas talvez alguns sejam. Se por acaso você for um deles, então eu sei como se sente, mas posso lhe assegurar que Deus irá ajudá-lo a mudar se você estiver disposto a isso. Você deveria começar por admitir a verdade sobre todas as vezes que foi difícil de conviver com você. Lembre-se de que somente a verdade o libertará (ver João 8:32).

54 Não se Superestime

"Foi o orgulho que transformou anjos em demônios e é a humildade que faz os homens serem anjos."

— S. Agostinho

O orgulho do homem o humilha, mas o de espírito humilde obtém honra.

— *Provérbios 29:23*

Não há nada de errado em acreditar em si mesmo. Acredito que é importante ter uma boa opinião sobre si mesmo, porque não creio que Jesus morreu por nós para que viéssemos a nos depreciar e desvalorizar. No entanto, a Bíblia nos ensina a não termos de nós mesmos um conceito mais elevado do que devemos ter; mas, ao contrário, ela nos ensina a ter um conceito equilibrado, lembrando-nos da graça de Deus (ver Romanos 12:3).

Se tivermos um conceito muito elevado de nós mesmos, sempre acabaremos depreciando os outros. Tudo o que fazemos bem, devemos nos lembrar de que Deus nos deu capacidade para fazê-lo. Devemos agradecer a Ele e nunca depreciar qualquer pessoa por suas habilidades serem diferentes das nossas.

Gosto de pensar em mim como o que eu chamo de um "tudo-nada": tudo em Cristo e nada em mim mesma ou, como diz a Bíblia, "Eu posso fazer todas as coisas através de Cristo" (ver Filipenses 4:13) e "Sem Ele não posso fazer nada" (ver João 15:5).

A abordagem simples da vida é ter uma concepção humilde de nós mesmos e estarmos dispostos a servir os outros, cujos talentos podem não ser tão evidentes. Jesus certamente viveu uma vida simples, agradável, e, ainda assim, seu foco inteiro estava em servir Seu

Pai celestial, assim como aqueles com os quais entrou em contato diariamente.

Uma pessoa orgulhosa acaba lutando muito com os relacionamentos. São pessoas críticas e podem facilmente encontrar defeitos nos outros. Não têm possibilidade de obter sucesso por muito tempo, porque, como o escritor de Provérbios nos diz, o orgulho vem antes da destruição e o espírito altivo, antes da queda (ver Provérbios 16:18).

Ter uma atitude apropriada para com nós mesmos é o início da possibilidade de desfrutarmos da paz de espírito. Quando temos paz de espírito, podemos realmente começar a apreciar a vida.

55 Livre-se de Toda Correspondência Não Solicitada

"Tenha compaixão de seu pobre carteiro. Seus ombros devem arder sob a alça da sacola enquanto carregam diariamente a correspondência até sua mesa."

— Kevin A. Miller

Evite-o, não passe por ele; afaste-se e não se detenha.

— *Provérbios 4:15*

A maioria de nós recebe todos os tipos de correspondências indesejadas. Lembro-me de me sentir um pouco culpada ao tentar jogar fora correspondências sem lê-las, até que Deus me mostrou que não sou obrigada a ler algo só porque alguém mandou para mim sem que eu pedisse. Se eu fizer isso, então eles estão controlando minha vida e não eu.

Alguma vez você já comprou algo através da venda por correspondência só para descobrir depois de três meses que estava recebendo uma centena de diferentes revistas que nunca pediu? Então você ligou para todas elas e pediu para ser removido de sua lista, mas nunca mais foi retirado? Isso aconteceu comigo e eu não gosto.

É triste porque hoje em dia podemos olhar para uma pilha de correspondência e nos sentirmos sufocados antes mesmo de examiná-la. Não creio que podemos impedir as pessoas de enviá-la na sociedade de hoje, mas pelo menos não temos de mantê-la. Jogue fora a correspondência que você não quer. Não a conserve para o caso de você decidir lê-la. Se não for suficientemente importante para ler agora ou pelo menos nos próximos dias, as chances são de que você nunca irá olhar para ela.

Fiquei com cerca de vinte exemplares atrasados de uma revista que recebi. Continuei empilhando-as, planejando lê-las algum dia. Então um dia eu me cansei de olhar para a pilha e distribuí tudo no escritório. Ainda fico com uma revista mensalmente, porque alguém a envia para mim como um presente e eu me divirto, mas agora eu a dou para alguém assim que chega, a menos que eu saiba que terei tempo para lê-la em breve.

A única maneira de evitar ter pilhas de coisas por toda a casa, que é uma das coisas que mais me irrita, é jogá-las fora. Jogue-as fora ou dê para alguém se tiverem algum valor, mas pelo amor de Deus, não as guarde!

56 Bloqueie as Chamadas Telefônicas de *Telemarketing*

"Creio que até certo ponto o comércio paralisaria se os operadores de *telemarketing* não pudessem ligar pra a casa das pessoas durante a hora do jantar."

— Autor desconhecido

E está dividido... preocupam-se com as coisas do Senhor... preocupa-se com as coisas deste mundo.

—1 Coríntios 7:34

Você se cansa de atender ao telefone e falar com um computador que está tentando fazer uma pesquisa? E o que você acha de um vendedor de seguros durante o jantar ou uma empresa de cartão de crédito tentando lhe dar um outro cartão de crédito de que você não precisa e não quer?

A boa notícia é que você pode ter todas essas chamadas bloqueadas. Você não tem de receber telefonemas de *telemarketing*. Tivemos todas essas chamadas bloqueadas por anos até que nos mudamos para uma casa nova. Começamos a receber telefonemas todas as noites de companhias de seguros, empresas de crédito, empresas de telecomunicações — se estavam vendendo alguma coisa, estavam nos telefonando. No começo, não consegui descobrir o que estava acontecendo, e então percebi que havíamos mudado os números de telefone e tínhamos esquecido de bloquear as chamadas de *telemarketing*.

Uma das maneiras mais fáceis de fazer o bloqueio de ligações de *telemarketing* indesejadas é preenchendo o cadastro de Bloqueio do Recebimento de Ligações de *Telemarketing* da Fundação Procon. Você deve entrar em contato com o Procon de seu estado para saber se o bloqueio está disponível em sua região (www.portaldoconsumidor.gov.br/procon.asp).

Você pode registrar quantos números de telefone desejar, de forma que não se esqueça de incluir seu número de celular e do escritório, além dos números de sua casa.

Não sou contra as pessoas que trabalham como operadoras de *telemarketing*. Sei que elas têm de ganhar a vida como todo mundo, mas minha vida já está muito cheia para atender suas chamadas. Quando finalmente me sento à noite, não quero saltar três ou quatro vezes para falar com um computador ou com alguém que está tentando me vender algo que não quero. Esta poderia ser uma maneira de você aumentar sua paz e poupar algum tempo (bem como sua sanidade).

57 Não Deixe o Trabalho Acumular

"O ócio é um pecado constante e o trabalho é um dever. A ociosidade é a oficina do diabo para a tentação e para reflexões desorientadas e não proveitosas, ao passo que o trabalho tem valor para os outros e para nós mesmos."

— Anne Baxter

Em tudo o que fiz, mostrei-lhes que mediante trabalho árduo devemos ajudar os fracos, lembrando as palavras do próprio Senhor Jesus, que disse: "Há maior felicidade em dar do que em receber".

— *Atos 20:35*

Você se sente sufocado quando olha ao redor e pensa seriamente em quantas coisas precisa fazer? Uma boa maneira de simplificar sua vida é nunca deixar o trabalho acumular. Quando você está diante de um projeto que não quer fazer, é fácil decidir realizá-lo posteriormente ou esperar até amanhã. Mas você tem de exercer a força de vontade para permanecer numa tarefa e não desperdiçar o tempo encontrando desculpas para não terminar seu trabalho. Você já deve ter ouvido a frase: "Cabeça vazia é oficina do diabo."

Quando nos permitimos ser ociosos podemos encontrar um milhão de desculpas para nos impedir de ficar ocupados. Você pode dizer a si mesmo: "Preciso de mais tempo para cuidar desse projeto do que disponho hoje" ou você pode dizer: "Estou só muito cansado." Você pode meramente convencer a si mesmo: "Eu simplesmente não sou capaz de tratar disso agora." Seja qual for a desculpa que você cria, a verdade é que, se você estivesse ocupado trabalhando, sua mente não teria tempo para vir com desculpas e os trabalhos não se acumulariam.

Viver uma vida simples requer autocontrole. Você deve decidir o que precisa ser feito e sistematicamente executar. Não há desculpas! Pode ser duro no início, especialmente se você não tiver sido disciplinado no passado, mas as recompensas da ordem e domínio próprio valem a pena o esforço. A Bíblia diz que a disciplina traz frutos de paz (ver Hebreus 12:11).

Se você acredita em seu coração que o projeto em questão é algo que você deveria fazer, então eu o encorajo a tomar uma decisão de não adiá-lo a menos que enfrente uma situação de emergência que não pode controlar. Resolva e mantenha-se decidido a completar o trabalho! Quando você o fizer, vai se sentir melhor consigo mesmo e terá a alegria simples de saber que fez o que era certo.

58 Planeje com Antecedência

"Primeiro, diga a si mesmo o que você deveria ser; depois faça o que tem de fazer."

— Epíteto

Em seu coração o homem planeja o seu caminho, mas o Senhor determina os seus passos.

— *Provérbios 16:9*

Tive recentemente uma consulta com um nutricionista e *personal trainer* que está trabalhando comigo para que eu possa ter uma ótima saúde e energia. Depois de me avaliar e passar o meu programa, ele disse: "Será impossível você fazer isso se não planejar com antecedência." Tenho de voluntariamente planejar ir à loja de produtos naturais para que eu possa ter muitas opções de alimentos apropriados em casa. É fácil fazer escolhas alimentares erradas, se você não tiver opções saudáveis disponíveis. Quando viajo, tenho de planejar com antecedência e levar alimentos não perecíveis comigo que estejam de acordo com meu programa. Quando como fora, preciso saber que tipo de comida o restaurante serve para que eu possa ter certeza de que contém produtos em seu cardápio que satisfaçam as minhas exigências. Todas essas coisas levam tempo e requerem um esforço extra, mas são vitais se eu quiser alcançar o resultado que desejo.

Também preciso realmente me planejar com antecedência, a fim de arrumar tempo para me exercitar. Preciso fazer musculação e procurar uma oportunidade para ir à academia. Tenho de acordar cedo e, eventualmente, dizer não a outras saídas que irão me impedir de atingir meu objetivo. Não tenho de ser legalista, mas tenho de ser disciplinada.

A maior parte da minha vida eu detestei a ideia de programas de exercícios e tinha certeza de que não tinha tempo para isso até que Deus realmente me mostrou que se eu não ficasse mais forte, não teria condições de cumprir Seu chamado em minha vida. É incrível o que podemos fazer se realmente quisermos. Na maioria das vezes usamos a desculpa de "eu não tive tempo de" para as coisas que não queremos fazer. Mas a verdade é que nunca dedicamos um tempo para fazê-las. Todos nós temos a mesma quantidade de tempo a cada dia e é nossa responsabilidade o que fazemos com ele. No mínimo, deveríamos ser honestos para com nós mesmos e com os outros e dizer: "Eu não faço isso porque não quero dispensar tempo, energia e esforço nisso." A verdade é que nos liberta (ver João 8:32), portanto se formos bastante honestos e sinceros com nós mesmos, talvez possamos ver uma mudança positiva.

Estes princípios irão ajudá-lo em qualquer área de sua vida, de forma que o encorajo a orar e decidir o que você quer fazer com seu tempo e, em seguida, planejar com antecedência para que realmente acabe fazendo isso. Se você realmente quiser fazer algo, terá de ser muito determinado para não deixar que outras coisas roubem seu tempo. Terá de comandar sua vida em vez de permitir que ela comande você.

59 Compre Algum Tempo

"Cerque-se das melhores pessoas que puder, delegue autoridade e não interfira desde que a política que você determinou esteja sendo aplicada."

— Ronald Reagan

Para tudo há uma ocasião certa; há um tempo certo para cada propósito debaixo do céu.

— *Eclesiastes 3:1*

O tempo não lhe parece cada vez mais curto, mesmo quando você se esforça para planejar com antecedência? Se a falta de tempo é o seu problema, então você poderia considerar a possibilidade de comprar um pouco. Não significa que você pode adquirir mais de vinte e quatro horas por dia no *shopping center*, mas pode comprar algum tempo para fazer o que precisa, pagando alguém para fazer algumas coisas que têm de ser feitas, mas não necessariamente por você.

Se puder pagar, pense em contratar alguém para fazer tarefas domésticas ou lavar roupas uma vez por semana ou até mesmo uma vez por mês se for o que cabe no seu orçamento. Você passa horas por mês cuidando do seu jardim, principalmente no verão? Você poderia pensar na possibilidade de pagar uma menina ou um menino para arrancar as ervas daninhas e lhe poupar algumas horas. Eles estão geralmente ansiosos para ganhar algum dinheiro, e se você tiver excesso de trabalho e um estresse a longo prazo, pode acabar gastando o dinheiro com médicos e remédios de qualquer maneira. A maioria de nós pensa imediatamente que não pode pagar pela ajuda das pessoas, mas isso é realmente verdade ou vamos apenas resistir a uma nova forma de pensar sobre essas coisas?

Algumas pessoas já me disseram: "Eu deveria ser capaz de conseguir fazer isto" ou "Eu não me sentiria bem gastando dinheiro para pagar alguém para me ajudar." Talvez você devesse perguntar a si mesmo, por que não? Algumas pessoas são simplesmente inflexíveis na recusa a gastar dinheiro, consequentemente, estão dispostas a deixar que sua saúde ou sua família sofram por causa disso. Creio que deveríamos ser econômicos, mas não mesquinhos. Podemos ter de gastar algum dinheiro para ganhar mais dinheiro. Podemos ter de buscar ajuda em algumas áreas para que possamos desenvolver as áreas que Deus deseja.

As pessoas muitas vezes têm vontade de fazer coisas novas e estimulantes, mas ficam presas a uma velha forma de pensar que impede o progresso. Podemos pensar sobre todas as coisas na vida que queremos fazer e até sentirmos que deveríamos realizá-las, mas em vez disso, ficamos frustrados porque não temos tempo. Essas coisas podem nunca serem realizadas a menos que engulamos nosso orgulho e compremos algum tempo.

Antigamente eu fazia um monte de tarefas que agora pago para que alguém faça. Se não fizesse isso, não poderia nem estar escrevendo este livro agora, porque eu não teria tempo. Se você precisa simplificar, esta pode ser a resposta que você está procurando. Compre algum tempo e compre sua vida de volta.

60 Organize-se

"Não agonize. Organize."

— Florynce Kennedy

Cuida dos negócios de sua casa e não dá lugar à preguiça.

— *Provérbios 31:27*

Quando meu ambiente está organizado, sinto-me organizada. Da mesma forma, quando está desorganizado e confuso, eu me sinto da mesma maneira. Minha vida parece muito complicada se eu não conservar minha agenda organizada, assim como minha casa, armário, espaço de trabalho e... a lista continua. Em um esforço para simplificar minha vida e aliviar o estresse, decidi que precisava ser mais organizada, especialmente no período da manhã. Sair de casa no horário todas as manhãs tem sido um grande desafio, e se consigo sair a tempo, geralmente estou correndo, sentindo um calorão, irritada e definitivamente não estou de bom humor para começar o dia! Finalmente, decidi que eu iria dedicar algum tempo na noite anterior para separar a minha roupa para o dia seguinte, incluindo sapatos, bolsa e joias. Então, faço uma lista do que preciso para sair de casa e reúno o máximo que puder com antecedência.

Ao fazer essas coisas à noite, quando realmente tenho tempo, minhas manhãs são mais simples e descontraídas. Iniciar o dia toda estressada não é uma boa escolha. Se começarmos desse jeito, algumas vezes pode ficar assim o dia todo. Começamos todas as atividades em grande velocidade e parece praticamente impossível diminuir essa velocidade depois que iniciamos dessa forma.

Recentemente, eu estava saindo para uma viagem de três semanas, o que requer que muita coisa fique pronta; e, nesta viagem específica, estávamos com um cronograma mais apertado do que o habitual, por isso era ainda mais importante que eu fosse muito organizada. Tínhamos duas pessoas que chegariam às 6 horas da manhã seguinte para nos ajudar a carregar tudo para o aeroporto. Eu tinha um monte de instruções de última hora para lhes passar, de forma que decidi que chamaria cada uma delas na noite anterior para lhes dar sua lista de tarefas, para que não precisasse lidar com todos esses detalhes, além de me arrumar na manhã seguinte. Por acaso, uma delas dormiu demais e chegou atrasada, mas como eu tinha abordado muitos dos pormenores na noite anterior, nós ainda saímos na hora certa e sem nos sentirmos estressados. Além disso, passei bastante tempo fazendo a mala, reunindo todos os meus pertences pessoais ao longo da semana, em vez de correr por todos os lados no último minuto. Como planejei com antecedência, fui capaz de me manter organizada e o resultado foi muito diferente do que poderia ter sido.

Algumas pessoas dizem: "Eu simplesmente não sou organizado." Mas acho que qualquer um pode ser se tiver um plano e disciplina para se ater a ele. Não deixar tudo para a última hora é uma das primeiras regras para ser organizado, então sugiro que comece por aí e avance. Você ficará surpreso com o quanto pode realizar e como vai se sentir bem fazendo isso.

61 Mantenha a Oração Simples

"Não ore por uma vida fácil. Ore para ser um homem mais forte! Não ore por tarefas iguais à sua capacidade. Ore para que sua capacidade seja igual às suas tarefas."

— Phillip Brooks

Que os teus ouvidos estejam atentos e os teus olhos estejam abertos para a oração que o teu servo está fazendo diante de ti, dia e noite.

— *Neemias 1:6*

Muitas pessoas lutam com sua vida de oração. Sentem-se frustradas e confusas, e creio que é porque pensam que uma oração simples pode não ser aceitável para Deus. De alguma forma, nós acreditamos na ideia de que a oração deve ser eloquente, longa e perfeita. Deus tem me desafiado a orar de forma simples, dizendo a Ele o que quero ou preciso, com o mínimo de palavras possível, mas sendo muito sincera. Acho que muitas vezes tentamos dizer tanta coisa que perdemos o nosso foco. Acabamos apenas divagando e tendo dificuldade para liberar nossa fé. Fazemos com que o enfoque da oração esteja mais nas nossas palavras do que Nele.

Podemos orar por um longo tempo, mas de alguma forma sentir como se não tivéssemos terminado ou como se as nossos orações não chegassem até Deus. Também atribuo isto ao fato de não se manter a oração simples. Por exemplo, se você pecou por não ser honesto com relação a algo, pode simplesmente tentar dizer: "Pai, eu lhe peço que me perdoe por ter sido desonesto e recebo o Seu perdão agora, em nome de Jesus, amém!" Fique um pouco na Presença de Deus e receba pela fé o que acabou de pedir. Agora, se você precisa reparar algo, corrigindo sua afirmação anterior sobre outra pessoa, vá em frente e faça isso, mas também perceba que não estamos mais sob condenação. Deus o perdoou, de modo que você pode perdoar a si mesmo. Uau! Isso é simples, não é? Ore assim e vai sentir que sua oração terminou!

A natureza da fé é simples. Não há nada de complicado com ela. A fé simplesmente crê, confia e descansa em Deus. A fé acredita na Palavra de Deus. A fé sabe que Deus é fiel e que nada é impossível para Ele.

O Próprio Deus é simples. Quando Moisés lhe pediu que explicasse quem Ele era, Deus disse: "EU SOU" (Êx 3:14). Quando buscamos na Bíblia a resposta a todos os nossos problemas, nós a encontramos sempre dita com termos simples — "Crer" (ver João 11:40). Somos instruídos a simplesmente recebê-lo como uma criança (ver Lucas 18:17). Eu não encontro muitas crianças tentando ser eloquentes ou notáveis quando pedem alguma coisa aos pais. Elas são claras, simples e diretas. A oração simples irá ajudar a gerar uma vida simples, então comece imediatamente a fazer as orações que Deus vai ouvir.

62 Viva Com Uma Margem de Tempo

"Metade de nossa vida é gasta tentando encontrar alguma coisa para fazer com o tempo que corremos a vida toda para economizar."

— Will Rogers

Pois Davi dissera: "Uma vez que o Senhor, o Deus de Israel, concedeu descanso ao seu povo e veio habitar para sempre em Jerusalém".

— 1 Crônicas 23:25

Se você for como eu, não gosta de perder um minuto de tempo. Prefere acertar as contas no talão de cheque, enquanto está esperando no consultório médico em vez de ler uma revista. Muitas vezes organiza compromissos e faz as ligações enquanto está sentado na oficina mecânica ou na fila de carros da escola de seu filho. Você se orgulha de nunca perder tempo. Isso pode parecer bom, mas não é muito realista. Quando planejo todos os compromissos muito perto uns dos outros em um esforço de não perder tempo, sempre acabo frustrada e correndo por todos os lados para não chegar atrasada. O que precisamos é de uma margem de tempo entre as coisas. Isso significa que precisamos aumentar o tempo de cada tarefa ou compromisso, esperando não precisar usá-lo, mas tendo o tempo disponível caso seja necessário. Posso consequentemente reconhecer que absolutamente tudo demora um pouco mais do que nós pensamos. As coisas que não prevemos, como um telefonema de última hora, não conseguir encontrar as chaves do carro ou um telefone celular esquecido podem nos atrasar e complicar muito as coisas, se tentarmos acumular muitos compromissos no cronograma. Constantemente acontece de eu entrar em meu carro e ter de voltar para casa até três vezes para pegar as coisas que esqueci por causa de minha pressa ao sair.

Parece que tenho tentado durante toda minha vida evitar chegar cedo a qualquer lugar, sem nada para fazer senão esperar. Gostaria também de acrescentar que, até pouco tempo, eu planejava as coisas sem deixar uma margem de tempo, e, geralmente, acabava chegando atrasada ou chegando a tempo, mas frustrada e estressada. Mas a boa notícia é que estou mudando. Vi a luz e agora regularmente planejo um tempo extra para imprevistos, que naturalmente não espero, mas que quase sempre acontecem. Ainda não consegui totalmente, mas estou determinada a continuar tentando, porque não quero mais viver uma vida complicada.

É melhor fazer menos com paz do que fazer mais com estresse. Em quais áreas de sua vida você precisa acrescentar um tempo? Sugiro que você comece a adicionar quinze minutos a cada tópico de sua lista diária de afazeres. Você provavelmente vai acabar usando-os, mas se por acaso você tiver algum tempo livre, tente descansar. Tire umas *miniférias*. Feche os olhos, coloque a cabeça para trás e relaxe. Isso irá ajudá-lo a se preparar para o que vem a seguir em sua programação.

63 Não Tenha um Falso Senso de Responsabilidade

"Somos todos alguma coisa, mas nenhum de nós é tudo."

— Blaise Pascal

O meu escudo está nas mãos de Deus, que salva o reto de coração.

— *Salmo 7:10*

Sempre fui uma pessoa muito responsável, de forma que pessoas irresponsáveis tendem a me irritar. No passado, com frequência me ressentia por ser responsável pelo que pessoas irresponsáveis não faziam, até que Deus me ajudou a perceber que, na realidade, eu tinha um falso senso de responsabilidade. Muito do que fiz não era necessário. Talvez alguns de vocês tenham o mesmo problema.

Você atende automaticamente uma necessidade e faz o que precisa ser feito e, depois, sente pena de si mesmo, porque tem de fazer tudo? Você pode ficar eternamente frustrado ou pode tomar uma decisão de mudar. Você pode ter sido magoado ou desapontado por alguém que ignorou sua responsabilidade e agora sente que a única forma de evitar mais sofrimento é simplesmente fazer tudo sozinho. No entanto, a experiência me ensinou que esse raciocínio apenas aumenta o problema. Você pode até estar alimentando a irresponsabilidade de uma outra pessoa ao fazer o que ela precisa muito aprender a fazer sozinha.

Muitas vezes as pessoas não fazem o que deveriam fazer, e, então, quando estão encrencadas esperam que alguém pague o preço para livrá-las disso. Quando amamos as pessoas, queremos ajudá-las, mas há momentos em que o amor exigente ajuda mais do que o amor emocional. Fazer o trabalho de outra pessoa apenas alimenta uma atitude imatura, irresponsável e preguiçosa. Por que não tentar deixá-las cientes de que se não cuidarem de seus assuntos, elas pagarão o preço, não você? Certifique-se de manter sua palavra.

Acho que se alguém de quem eu dependo se esquece de algo algumas vezes, então é natural para mim simplesmente eu mesma fazer. Leva menos tempo do que verificar se a pessoa está fazendo. Mas o que aprendi fazer é deixar a pessoa assumir sua responsabilidade e, se ela não o fizer, tenho de arranjar alguém que o faça. Não gosto de ferir as pessoas, o que é uma boa qualidade, mas também pode se tornar um problema se não houver equilíbrio. Nós não somos sábios se destruímos nossa própria vida tentando arrumar a dos outros.

Muitas vezes tive a tendência de eu mesma fazer as coisas para ter certeza de que seriam feitas do jeito que eu queria. Deus me ensinou que uma pessoa humilde percebe que seu caminho não é o único caminho, e que permitir que as pessoas façam as coisas à sua maneira lhes dá espaço para que sejam elas mesmas. Seu cônjuge não guarda os pratos da mesma forma que você, mas os pratos continuam a ser guardados. Contanto que o trabalho seja feito, realmente importa se é feito de forma diferente do que você faria?

Se você acha que sua vida é complicada, tente simplificá-la fazendo sempre o que é de sua responsabilidade, mas nunca fazendo o que é de responsabilidade de alguma outra pessoa a menos que seja uma situação de emergência. Comece hoje e verifique se você deve ou não realmente *fazer* tudo o que está fazendo!

64 Não Tente Cuidar de Todos

"Eu era tão bom em tomar conta dos outros que certa vez encontrei um pedaço de madeira petrificada e passei o ano seguinte tentando fazer com que ele não tivesse tanto medo."

— Terry Kellogg

Cada um examine os próprios atos, e então poderá orgulhar-se de si mesmo, sem se comparar com ninguém.

— *Gálatas 6:4*

Você é alguém que zela pelos outros? Algumas pessoas realmente obtêm seu mérito e valor cuidando dos outros. Isso faz parte da identidade delas e elas têm orgulho disso. No entanto, a maioria delas, no fim, acaba por se tornar mártires. Cuidam de todos e constantemente reclamam por ter de fazê-lo. Elas se sacrificam e fazem com que todos se sintam culpados por causa disso.

O que é interessante sobre esse tipo de pessoa é que você não pode impedi-las de fazer o que fazem. Elas não querem ajuda ou resposta, querem reclamar. Conheço uma mulher que fala sobre como sacrificou sua vida inteira cuidando dos outros e o quanto isto é injusto, mas ela ainda se apega a qualquer um de quem possa cuidar.

Algumas pessoas, no entanto, realmente sentem que estão em uma armadilha da qual gostariam de sair, mas simplesmente não sabem como. Se isso ocorre com você, sugiro que descubra sua verdadeira responsabilidade e desista do restante. Naturalmente, haverá pessoas que não vão entender. Vão ficar com raiva e podem até mesmo dizer coisas desagradáveis sobre você, mas pelo menos você pode começar uma vida e preservar sua sanidade.

Tentei ajudar alguém por quatro anos; era um indivíduo ferido e criado em uma casa bastante desestruturada. Eu queria muito ver esta pessoa ter uma vida boa. Nós gastamos tempo, dinheiro e esforço, e desde que nós fizéssemos tudo para ele, as coisas avançavam em uma boa direção. Então, chegou a hora dele sair por conta própria e cuidar de si mesmo. Ele tinha um emprego, um apartamento, um carro, amigos e nenhum motivo para não ter sucesso na vida. No entanto, logo que deixamos de cuidar de tudo, ele voltou para todos os seus velhos hábitos. Meteu-se em dificuldades e alguém nos chamou para ir buscá-lo. Depois da terceira vez, finalmente percebemos que nós queríamos sua cura e restauração mais do que ele e tivemos de deixá-lo ir.

Se você já tentou ajudar alguém durante anos e a pessoa ainda não se "ajudou", talvez você deva avaliar se a pessoa realmente quer ajuda ou não. Pode ser que você queira ver uma mudança em sua vida, mas talvez ela não queira mudar. Se você quiser ter uma vida simples, então ajude todas as pessoas que puder de todas as formas, mas não se torne um cuidador de pessoas profissional que se sente esgotado e usado.

65 Desista do Controle

"Podemos soltar todas as coisas que não iremos levar para a vida eterna."

— ANNA R. BROWN LINDSAY

Entretanto, vocês não estão sob o domínio da carne, mas do Espírito, se de fato o Espírito de Deus habita em vocês. E, se alguém não tem o Espírito de Cristo, não pertence a Cristo.

— *Romanos 8:9*

Um dos livros que gostei de ler recentemente é *Out of Control and Loving It* (Fora de Controle e Gostando Disso) de Lisa Bevere. No início, parece um título estranho, até você perceber que ela quer dizer que não tenta mais controlar a vida e todas as pessoas que nela se encontram, por isso gosta de sua vida mais do que nunca.

Eu tenho uma personalidade forte e venho de uma família desestruturada, na qual fui criada por uma pessoa de personalidade forte, que era um especialista em controle. Por essa razão, quando cheguei à idade adulta, também queria controlar tudo e todos. Ainda tenho de continuar a trabalhar esta característica às vezes e me lembrar de que todos têm o direito de dirigir sua própria vida, mas tenho feito um grande progresso. Constatei que a vida não é nada simples quando sentimos a necessidade de controlar tudo. Deus está no controle e ninguém mais! Diante desse fato, o caminho para a simplicidade é tomar a decisão de deixar as coisas acontecerem e deixar Deus ser Deus.

Muitas vezes, à noite, quero que meu marido, Dave, assista a um filme comigo. Ele concorda, mas ocasionalmente me pede para esperar que ele tome um banho. Às vezes, ele fica fazendo outras coisas antes do banho e logo uma hora se passou e Dave ainda está "se preparando para tomar um banho." A essa altura, estou cansada de esperar e frustrada, porque ele está indo muito devagar para o meu gosto. Isto ocorreu durante anos e, recentemente, eu pensei: *Por que eu me importo se Dave chega na hora de assistir ao filme ou não?* Agora eu digo: "Querido, vou começar a ver um filme às sete horas se você quiser assisti-lo comigo." Começo a ver o filme no horário que lhe falei e deixo-o fazer o que quer fazer sem tentar controlá-lo. Aproveito a noite e finalmente ele vem e me faz todos os tipos de perguntas sobre o que está acontecendo. Agora estou praticando não ficar irritada com isso. (Há há!).

Há também momentos em que Dave me diz que vai ligar a outra televisão no andar de cima só para ver os resultados esportivos e descerá em quinze minutos. O problema é que na maioria das vezes não o vejo mais depois disso. Isso agora me faz rir quando percebo quantas noites fiquei chateada e nada mudou. Agora eu simplesmente o deixo fazer o que ele quer fazer. Posso não ter controle sobre ele, mas eu controlo o controle remoto. (Aleluia!)

66 Esteja Disposto a se Adaptar

"Adapte-se às circunstâncias sobre as quais sua sorte foi lançada e ame sinceramente as pessoas próximas com as quais o destino determinou que você viverá."

— Marco Aurélio

Outra ainda caiu em boa terra, germinou, cresceu e deu boa colheita, a trinta, sessenta e até cem por um.

— *Marcos 4:8*

Se a música que você canta é: "Do meu jeito ou de jeito nenhum," você está tendo uma vida dura. Naturalmente, há pessoas que são gentis, que permitem que você faça as coisas do seu próprio jeito só para manter a paz, mas você também pode encontrar algumas que não irão fazer do seu jeito, independentemente de qualquer coisa. Por não aprender a se adaptar e se ajustar, é muito provável que você fique com raiva ou que alguém fique com raiva de você. Sua vida certamente não será simples.

Um espírito de orgulho está enraizado na falta de vontade de se adaptar aos desejos dos outros. Deus nos diz em Sua Palavra que se nós nos humilhamos debaixo de Sua poderosa mão, Ele nos exaltará no tempo devido (ver 1 Pedro 5:6). Em outras palavras, se estivermos dispostos a fazer o que for necessário para cumprir a vontade de Deus, no tempo certo, o próprio Deus vai nos levar a um lugar além de qualquer coisa que nós poderíamos fazer por nós mesmos.

Conseguir as coisas de nosso próprio jeito é algo demasiadamente valorizado. Lutamos e discutimos para conseguir o que queremos, mas a verdade é que somos mais felizes quando vivemos para deixar os outros felizes em vez de cuidar de nós mesmos.

É muito mais simples se adaptar e manter a paz do que lutar e guerrear e acabar em conflito. Divergência ou conflito representam o resultado de tentarmos obter as coisas que queremos em vez de pedir a Deus por elas e aguardar Seu tempo certo (ver Tiago 4:1-2).

Lutei com este conceito durante anos, mas finalmente percebi que a paz era muito mais importante do que o orgulho. Recomendo fortemente que você esteja pronto a se adaptar, se realmente deseja simplificar sua vida.

Não Tente Modificar o que Você Não Pode

"Concedei-nos, Senhor, serenidade para aceitar as coisas que não podemos modificar."

— Reinhold Niebuhr, "*The Serenity Prayer*" (Oração da Serenidade), 1ª parte

Acaso você sabe como Deus comanda as nuvens e faz brilhar os seus relâmpagos? Você sabe como ficam suspensas as nuvens, essas maravilhas daquele que tem perfeito conhecimento?

— Jó 37:15–16

Tentar fazer o que você não pode só produz frustração e sensação de fracasso. Temos de aprender o que podemos fazer e o que não somos capazes. Somos parceiros de Deus e, em uma parceria, cada participante envolvido tem uma parte. A parceria funciona melhor quando cada um faz aquilo que sabe fazer bem.

Tentei alterar muitas coisas em mim e ao meu redor que realmente só Deus pode mudar. Tentei mudar meu marido, meus filhos, meu vizinho, eu mesma e minhas circunstâncias. Continuei fracassando, mas sempre tinha um projeto novo com o qual estava me "preocupando". Eu dizia que estava confiando em Deus, mas a verdade é que confiava mais em mim. Os caminhos e o tempo de Deus não são os mesmos que os nossos, por isso, quando cansamos de esperar, geralmente nos antecipamos e fazemos as coisas do nosso próprio jeito. Isso não faz com que Deus se apresse e faça aquilo que queremos que Ele faça, na verdade isso acaba por tornar nossa espera mais longa e frustrante.

É importante saber o que podemos fazer e, em seguida, fazê-lo, mas é igualmente importante saber o que não podemos fazer. Como diz o velho ditado: "Não gire suas rodas sem ir a lugar nenhum." Você pode simplificar sua vida não tentando fazer aquilo que não pode. Não temos de ser super-heróis. Permita-se ser quem você é — um ser humano imperfeito que precisa de ajuda!

68 Mude o que Você Pode Mudar

"[Concedei-nos, Senhor,] ... coragem para mudar as coisas que podem ser mudadas..."

— Reinhold Niebuhr, "*The Serenity Prayer*"
(Oração da Serenidade), 2ª parte

Lembre-se de exaltar as suas obras [de Deus], às quais os homens dedicam cânticos de louvor.

— *Jó 36:24*

A simplificação de uma vida complicada só acontece quando é o resultado de mudanças positivas, por isso definitivamente precisamos mudar aquilo que podemos. Algumas pessoas dizem que detestam mudança, quando, na verdade, elas amam os resultados da mudança, só não gostam do processo.

Quando as coisas mudam, muitas vezes nos sentimos desorientados por um período de tempo. Não somos o que costumávamos ser e não temos certeza ainda de quem seremos. Toda vez que temos a iniciativa de ousar fazer mudanças, corremos o risco de fracassar. O que mudamos pode não ser tão bom quanto o que temos, mas por outro lado, poderia ser muito melhor. A única maneira de descobrir é dar o primeiro passo!

Você já pensou por muito tempo em mudar alguma coisa e ainda assim na realidade nunca tomou providências para fazê-lo? Boas intenções podem se tornar cada vez mais uma profunda rotina. Deus olha para aquelas almas valentes que ouvem a Sua voz e agem em conformidade.

A única maneira de você descobrir o que *pode* ter é renunciando ao que você tem *atualmente*. O aumento sempre exige investimento. Tive de deixar um emprego seguro em uma igreja, a fim de começar o meu próprio ministério. Foi um momento assustador e solitário para mim, mas no fundo eu sabia que precisava fazer uma mudança. Tive de investir o que tinha, mas acabei com muito mais do que aquilo a que renunciei.

Fazer regularmente as mudanças necessárias irá ajudar a manter a vida simples. Conforme você poda (corta) as coisas que precisam ir embora, você organiza sua vida e arruma lugar para coisas novas e diferentes.

69 Seja Realista em Suas Expectativas

"Não espere nada, viva simplesmente o inesperado."

— Alice Walker

Mas agora, Senhor, que hei de esperar? Minha esperança está em ti.

— *Salmo 39:7*

Se for para esperar algo de alguém realmente só deveríamos esperar de Deus, ou vamos acabar decepcionados e frustrados. Peça a Deus aquilo que você quer e precisa e confie Nele para resolver da forma que Ele escolher. A Bíblia diz que Jesus conhecia a natureza humana e, portanto, não se confiou às pessoas (ver João 2:24-25). Ele compreendia plenamente o quão imperfeitas as pessoas podem ser e como elas são incapazes de satisfazer todas nossas expectativas em todos os momentos. Ele manteve um bom relacionamento, mas, ao mesmo tempo, foi muito realista em suas expectativas.

Fiquei muito magoada várias vezes na vida, esperando que as pessoas me dessem o que só Deus poderia dar. Uma das lições que aprendi da maneira mais difícil está relacionada com o sentimento de autoestima e valor próprio. Por muito tempo, busquei as pessoas para me sentir bem comigo mesma quando, na realidade, tive de encontrar meu verdadeiro valor em Jesus Cristo e em Seu amor por mim. Se colocarmos nossa esperança e confiança em Deus, não ficaremos decepcionados.

As pessoas geralmente não têm a intenção de nos magoar, mas a verdade é que todos nós sofremos e decepcionamos uns aos outros simplesmente porque temos fraquezas naturais. Somos naturalmente egoístas e tendemos a fazer o que é melhor para nós em vez de fazer o que é melhor para as outras pessoas. À medida que amadurecemos espiritualmente, por intermédio do nosso relacionamento com Jesus, podemos superar essas tendências egoístas, mas enquanto estamos no processo de mudança, cometeremos erros.

Às vezes esperamos algo de pessoas que nem sequer estão conscientes de nossas expectativas. Ficamos magoados e com raiva porque nos sentimos desamparados, e a pessoa com a qual estamos zangados pode nem mesmo saber o que fez para nos ferir. Tome uma decisão de colocar suas expectativas em Deus. Confie *Nele* com relação ao que você quer e precisa e isso irá tornar a vida muito mais simples.

70 O Progresso é Alcançado um Passo de Cada Vez

"Paciência e perseverança têm um efeito mágico de fazer as dificuldades desaparecerem e os obstáculos sumirem."

— John Quincy Adams

E a perseverança deve ter ação completa, a fim de que vocês sejam maduros e íntegros, sem lhes faltar coisa alguma.

— *Tiago 1:4*

Qualquer coisa que cresce e muda o faz de forma progressiva. Quando uma semente é plantada na terra, não brota e produz frutos imediatamente. O agricultor deve ser paciente e assim nós devemos ser também. Deus nos ajuda a derrotar os nossos inimigos aos poucos (ver Deuteronômio 7:22); raramente Ele elimina todos com um só golpe. Conforme estudamos diligentemente Sua Palavra, Ele nos transforma na sua própria imagem, aos poucos (ver 2 Coríntios 3:18). Nós herdamos as promessas de Deus pela fé e paciência (ver Hebreus 10:36).

Ser impaciente só tende a nos tornar infelizes e não faz com que Deus se apresse. Seu tempo é perfeito e a melhor coisa que podemos fazer é tomar a decisão de aproveitar a viagem. Desfrute de cada passo de seu progresso ou você vai perder muito de sua vida ficando frustrado por algo que não pode mudar.

Esperar gratificação instantânea é uma expectativa irrealista e só vai deixá-lo frustrado e decepcionado. Se você deseja simplificar sua vida, então deve mudar a forma de abordar cada situação. Compreender que tudo é um processo e que leva tempo vai ajudá-lo a relaxar e vai lhe permitir usufruir de cada passo do caminho.

O fruto da paciência é uma semente descansando dentro de você, e enquanto você espera com uma boa atitude, ela se desenvolve e cresce. Você pode ainda não estar aonde quer chegar, mas está progredindo!

71 Abra os Olhos Antes de Ficar Esgotado

"Não somos sábios por causa de nossas experiências passadas, mas por nossa responsabilidade com o nosso futuro."

— George Bernard Shaw

Como é feliz o homem que acha a sabedoria, o homem que obtém entendimento.

— *Provérbios 3:13*

A sabedoria é realista! As pessoas sábias reconhecem suas limitações e tentam evitar ser sobre-humanas. Deus não tem limitações e pode fazer coisas por nosso intermédio que nunca poderíamos fazer por nós mesmos, mas cada um de nós pode e vai ficar esgotado se não usar sabedoria nas atividades e compromissos que assumir.

Jesus disse que quando estamos cansados e sobrecarregados devemos ir a Ele e Ele nos dará descanso (ver Mateus 11:28). Uma das maneiras que Ele usa para nos dar descanso é nos mostrando o que precisamos mudar em nossa vida.

Alguma vez você já sofreu de esgotamento? Eu já e não é brincadeira; definitivamente não é uma experiência que quero repetir. Amo o meu ministério, mas me lembro de dirigir pelo complexo de nosso ministério um dia e mostrar a língua para ele. Naquele momento, pensei, *eu não quero nunca mais ouvir o nome Ministérios Joyce Meyer novamente*. Naturalmente, eu realmente não queria dizer isso, mas naquele delicado momento pensei assim. Por que me senti assim? Tinha acabado de fazer treze conferências em treze finais de semana e estava esgotada. Precisava de uma mudança de ritmo, de alguma variedade e de descanso. Quando percebi isso, senti-me totalmente de volta ao normal e pronta para partir novamente.

O esgotamento não acontece do dia para a noite. Se você está bastante mal-humorado, vai se arrastando para o trabalho e sai mais cedo, preocupando-se menos com o que costumava ser realmente importante ou sentindo-se fisicamente doente quando não há um diagnóstico claro do que pode estar errado com você, pode estar experimentando sintomas de esgotamento. Algumas pessoas ignoram os sinais de alerta, e continuar forçando até sua exaustão é tão ruim que elas nunca se recuperam. Perdem as esperanças sobre as coisas que Deus realmente pretendia que fizessem, simplesmente porque não foram realistas com respeito às suas próprias necessidades. A maneira simples de viver é não fazer esforços inúteis de modo que você possa realizar muitas coisas na vida sem sair do caminho, acabando em um esgotamento.

72 Cultive a Solidão

"Eu amo as pessoas. Amo minha família, meus filhos... mas dentro de mim há um lugar onde eu moro sozinha e é aí que são renovadas as nascentes para que nunca sequem."

— Pearl S. Buck

O meu povo viverá em locais pacíficos, em casas seguras, em tranquilos lugares de descanso.

— *Isaías 32:18*

Estar sozinho e aproveitar um tempo de tranquilidade é a verdadeira cura para nossa alma. Todo mundo precisa regularmente de um tempo para refletir e permitir que a alma se aquiete. Sua mente precisa descansar; necessita experimentar a paz encontrada na solidão. As emoções precisam de tempo para se acomodar e equilibrar. Precisam de tempo para se recuperar da vida cotidiana. Quando nos sentimos cansados e como se não pudéssemos continuar, a solidão nos ajuda a encontrar a determinação que precisamos para terminar nosso caminho com alegria.

Jesus regularmente saía para as montanhas para estar sozinho. Ele era renovado e fortalecido pela solidão. No silêncio, ouvimos a Deus e reafirmamos a direção que Ele quer que tomemos na vida.

Sem a solidão, minha vida pode ficar absolutamente maluca. Nada faz sentido e me sinto sufocada pelas expectativas de todos. Não sei quando dizer sim e quando dizer não. Minha mente fica confusa, minhas emoções ficam como uma montanha-russa e muitas vezes quero fugir. Mas depois de algum tempo em silêncio — um tempo sozinha, em oração e meditação — tudo muda. Encontro sabedoria e direção nos momentos de solidão.

Eu absolutamente amo a solidão e a paz que encontro nesses momentos. Eles me preparam para o resto da vida. Faça um esforço para conseguir um tempo em seu dia, semana ou até mesmo mês para encontrar a solidão. Levante-se mais cedo e veja o sol surgir com Deus. Procure um local tranquilo em um parque e desfrute da beleza da criação de Deus. Faça o que fizer, recomendo que cultive a solidão, pois é realmente quando você encontra as respostas para uma vida simples que pode ser desfrutada.

73 Tenha em Mente a Eternidade

"Aspire o céu e você obterá a terra como bônus. Aspire a terra e você não obterá nada."

— C. S. Lewis

Mantenham o pensamento nas coisas do alto, e não nas coisas terrenas.

— *Colossenses 3:2*

Muitas pessoas só estão preocupadas com o dia de hoje ou com alguns meses no futuro. Na melhor das hipóteses, algumas estão preocupadas com a aposentadoria. Nós pensamos e planejamos em termos temporais e Deus pensa e planeja em termos eternos. Estamos mais interessados no que "nos faz sentir bem" agora, do que naquilo que produz resultados imediatos. Mas Deus tem um propósito eterno planejado para nossa vida.

Uma forma de simplificar nossa vida é parar de planejar todos os aspectos da vida temporal e confiar em Deus para que Ele nos oriente diariamente. Quando seguimos a Deus, Ele nos leva a fazer não só o que é melhor para o momento, mas também o que é melhor para a eternidade. Deus vê e entende o que nós não conseguimos ver e entender. Ele quer que confiemos Nele e no Seu tempo perfeito.

Se mantivermos nosso foco no quadro geral — eterno — podemos eliminar uma grande parte do tempo que perdemos com a preocupação com o que não está acontecendo da maneira que acreditamos que deveria estar. Querer saber tudo antes do tempo é somente a nossa forma de cuidar de nós mesmos. Desista da argumentação e aprecie a vida bela, simples e poderosa que Deus tem guardado para você, assim como as bênçãos eternas que vêm da confiança em Sua vontade para nossa vida.

74 Enfrente Cada Dia do Jeito que Vier

"Não viva no passado nem no futuro, permita que o trabalho de cada dia absorva toda sua energia e satisfaça sua maior ambição."

— Sr. William Osler

Por isso procuro sempre conservar minha consciência limpa diante de Deus e dos homens.

— *Atos 24:16*

Deveres que ignoramos podem se acumular e logo nos sentiremos sufocados, mas a disciplina diária nos mantém em posição para lidar com a vida com tranquilidade. A Palavra de Deus afirma que nenhuma disciplina parece ser motivo de alegria no momento, porém mais tarde produz fruto de justiça e paz (ver Hebreus 12:11). Em outras palavras, pode ser um desafio e requer disciplina fazer o que é certo agora, mas o conhecimento de que fizemos o que deveríamos fazer é o que nos dá a paz.

Um pouco de disciplina diária nos protege de descobrirmos de repente que temos mais para fazer do que é humanamente possível. Se adiarmos as coisas que precisam ser feitas agora, não evitaremos a necessidade de fazê-las. Somente acrescentamos os deveres de hoje aos de amanhã, e dia após dia, as coisas se acumulam e logo a vida fica muito confusa, frustrante e sufocante; nós ficamos deprimidos e desanimados.

Disciplina significa que devemos frequentemente dizer não ao desejo da carne de adiar as coisas que precisam ser feitas agora. O apóstolo Paulo disse: "Eu morro diariamente." Ele não quis dizer que experimentava diariamente a morte física, mas deu a entender que dizia *não* para si mesmo com regularidade se o que ele desejasse não estivesse de acordo com o que o Espírito Santo estava levando-o a fazer.

Se seus "músculos da disciplina" estão fracos por falta de uso, recomendo que você comece a colocá-los em forma hoje. Eles podem ficar doloridos e sensíveis no começo, mas logo você estará desfrutando de uma vida simples e tranquila.

75 Lembre-se de Que Deus é por Você

"Se nossa confiança em Deus tivesse de depender de nossa confiança em qualquer pessoa humana, estaríamos em areias movediças."

— Francis Schaeffer

Fiel é Deus, o qual os chamou à comunhão com seu Filho Jesus Cristo, nosso Senhor.

— *1 Coríntios 1:9*

As estatísticas demonstram que dez por cento das pessoas que encontramos não irá gostar de nós. Não há nada que possamos fazer a esse respeito, exceto nos preocupar, mas mesmo isso não irá mudar a mente delas.

A verdade é que Deus é por nós e que Ele é tão poderoso e fantástico que realmente não importa tanto assim quem é contra nós (ver Romanos 8:31). Pense em quem está do seu lado, não em quem está contra você. Há muitas pessoas que realmente nos amam e nos aceitam e é muito mais agradável nos lembrarmos delas. Deveríamos nos acostumar a pensar sobre o que nós temos, não sobre o que estamos perdendo. Nós verdadeiramente temos Deus. Ele promete nunca nos deixar ou nos abandonar, por isso nunca estamos sem Ele. Ele é mais do que suficiente.

Quando ouvir falar que alguém não gosta de você ou não está satisfeito com você, não deixe que esta informação o aborreça. Mantenha-se focado em Jesus; afinal, Ele é seu melhor amigo.

Se você estiver enfrentando um grande desafio neste momento, algo que sente que é demais para você, separe um momento e diga estas palavras em voz alta: "Deus é por mim, e como Ele é por mim, eu posso fazer tudo o que eu preciso fazer na vida."

O Espírito Santo caminha ao nosso lado. Ele é o Auxiliador, o Ajudador em quem sempre podemos confiar na vida. Você nunca está sozinho!

76 Você é Mais do Que Vencedor

"Torna-me um cativo, Senhor, e então eu serei livre. Força-me a render a minha espada, e serei vencedor."

— George Matheson

Mas, em todas estas coisas somos mais que vencedores, por meio daquele que nos amou.

— *Romanos 8:37*

Se começarmos a acreditar que a vida é demais para nós e a adotar uma atitude de "eu desisto", estamos cometendo um grande erro e afundando em uma mentira. A verdade é que somos mais que vencedores, por meio de Cristo que nos ama (ver Romanos 8:37). Para mim, ser mais que vencedor significa que sei que quando começa uma provação terei vitória. Nós não temos de nos preocupar ou ter medo — Deus está do nosso lado e somos mais que vencedores. Podemos nos sentir como Davi na Bíblia, de pé diante de Golias com nada mais do que um estilingue, mas temos a certeza de Deus de que Ele está conosco.

Não há nada no universo — nenhum problema muito grande que possa nos separar do amor de Deus encontrado em Jesus — se não permitimos isso. Quando você se sentir sufocado, diga: "Deus me ama e eu sou mais que vencedor por meio Dele." Não acredite nas mentiras do diabo quando ele tenta lhe dizer que você não vai conseguir desta vez. Pare imediatamente e lembre-se intencionalmente de outras vitórias que você teve no passado. Houve outros momentos em que você provavelmente sentiu que não podia continuar e, mesmo assim, você ainda está aqui. Esse é um testemunho em si mesmo. Você é um vencedor!

Tenha cuidado com o que você fala durante a dificuldade, porque suas palavras o afetam. Elas podem reforçar ou enfraquecer você dependendo do tipo de palavras ditas. Seja positivo. Pense em vitória. Creia em Deus, trabalhando em você, para que você possa fazer qualquer coisa que precisar. Este tipo de atitude focada em Deus nos ajuda a desfrutar a vida em todos os momentos.

Ore *Antes* que Você Tenha Uma Emergência

"A oração é uma expressão natural da fé, como a respiração é expressão da vida."

— Jonathan Edwards

Que a minha oração chegue diante de ti; inclina os teus ouvidos ao meu clamor.

— *Salmo 88:2*

O apóstolo Paulo agradeceu a Deus por lhe dar a força necessária para lidar com qualquer situação na vida. Acredito que ele fazia isso por uma questão de hábito, e não necessariamente porque tinha uma emergência. Orar antes do tempo nos dá a ajuda que necessitamos mesmo antes de precisar dela. Isso mostra que dependemos de Deus e confiamos Nele para cuidar das coisas que nós ainda nem conhecemos.

A forma de liberamos nossa fé é por meio da oração. Não espere até que você necessite ter fé para tentar desenvolvê-la. Pode ser tarde demais. Desenvolva e libere sua fé antes que você esteja em uma situação que a exija. Todas as manhãs eu oro a Deus para me ajudar no dia. Eu nem sei ainda o que o dia me reserva. Tenho planos o tempo todo, mas acontecem coisas todos os dias que nós não planejamos, e quero estar pronta para elas e não ser surpreendida. Peço a Deus para liberar os anjos que são a mim designados, para que sigam na minha frente e preparem o meu caminho. "Vocês não têm porque não pedem" (ver Tiago 4:2) então, por que esperar até ter problemas? Por que não orar antes e ter a ajuda que vai precisar já esperando por você?

Orar antes de ter uma situação de emergência é como guardar dinheiro no banco. Se você tiver dinheiro reservado, então um problema no carro que você não esperava não precisa incomodá-lo. Você providenciou uma maneira de continuar vivendo uma vida simples, cheia de alegria *antes* de ter uma necessidade. Comece hoje mesmo a ter algumas orações de reserva. Encha seu tanque de oração e você vai evitar viver constantemente em crise.

78 Mantenha Sua Consciência Limpa

"Se adiarmos o arrependimento, teremos um dia a mais do qual nos arrependemos, e um dia a menos para nos arrepender".

— Autor desconhecido

Mas se os seus olhos forem maus, todo o seu corpo será cheio de trevas. Portanto, se a luz que está dentro de você são trevas, que tremendas trevas são!

— *Mateus 6:23*

Devemos nos esforçar em todos os momentos para ter uma consciência livre de ofensas ao homem e a Deus. Nada complica mais a vida do que uma consciência culpada. Uma consciência culpada nos pressiona e nos impede de desfrutar verdadeiramente de alguma coisa. Podemos tentar ignorá-la, mas ela está sempre sussurrando e nos lembrando de que não fizemos o que é certo.

Existem apenas duas maneiras de viver com a consciência limpa. A primeira é fazer o que é certo, e se fracassarmos nisso, passamos para a segunda opção, que é ser rápido em se arrepender, admitir nossos pecados e pedir perdão a Deus — e ao homem, caso seja necessário. Deveríamos decidir fazer o nosso melhor na vida; somente então nos sentiremos melhor com relação a tudo. Podemos ainda fracassar, mas pelo menos temos o consolo de saber que não fracassamos de propósito.

Uma consciência culpada dificulta nossa fé e adoração. Na verdade, coloca um obstáculo entre nós e Deus que permanece até que seja removido. Quando pecamos contra outras pessoas, sentimo-nos culpados quando estamos com elas até que resolvamos a situação, pedindo desculpas. Não viva com a consciência pesada. Isso coloca uma nuvem escura sobre tudo e você não pode verdadeiramente apreciar a vida.

Não existe descanso para uma consciência culpada. Vamos nos debater na cama a noite inteira se a nossa consciência estiver nos condenando e tentarmos ignorá-la. Dedique algum tempo para examinar o seu coração. Existem pessoas em sua vida com quem você não está falando? Há outras que você tem prejudicado? Há mal-entendidos ou ressentimentos que você precisa acertar com um amigo? Faça um autoexame honesto de si mesmo e trabalhe para corrigir esses relacionamentos rompidos. Sua consciência vai lhe agradecer e Deus terá orgulho de você.

79 Entenda a Justiça

"Aquele que nos criou sem nosso auxílio não irá nos justificar sem nosso consentimento."

— S. Agostinho

Os céus proclamam a Sua justiça, e todos os povos contemplam a Sua glória.

— *Salmo 97:6*

Algumas pessoas têm uma consciência hiperativa. Sentem-se culpadas por uma questão de hábito e não necessariamente porque realmente fizeram algo errado. A maneira de superar este problema é estudar o que a Bíblia tem a dizer sobre justiça. Se você não entender a justiça de Deus, então vai passar sua vida tentando conseguir sua própria justiça através de boas obras.

É importante compreender a diferença entre "ser" e "fazer." Meus filhos podem não sempre fazer o que quero, mas eles nunca deixam de ser meus filhos e eu nunca deixo de amá-los. Com Deus é a mesma coisa, só que melhor. Deus nos concede a posição de justos com Ele ao recebermos Jesus como nosso Salvador (ver 2 Coríntios 5:21). Ele "imputa" a justiça a nós ou a credita em nossa conta (ver Romanos 4:11). Ele nos vê como justos, que é a única posição aceitável para Deus. Essa é a única maneira de podermos ter comunhão com Ele, porque a luz não pode ter comunhão com as trevas.

Como Deus em Sua misericórdia nos tornou justos, podemos aprender a manifestar um comportamento justo. É um processo que leva tempo, mas aos poucos nós melhoramos na forma como nos comportamos. Nosso "fazer" melhora. No entanto, enquanto estamos melhorando, é vital que nos lembremos de "quem somos" em Cristo. Somos filhos de Deus, Ele nos ama e nos entende. Não somos uma grande surpresa para Ele. Ele sabia tudo sobre nós quando nos convidou para ter um relacionamento com Ele.

Compreender a doutrina bíblica da justiça simplifica muito sua vida, porque, sem ela, você vai sempre se sentir mal consigo mesmo por uma razão ou outra. Os sentimentos de culpa são muito complicados e não são fáceis de conviver. Coloque uma simples veste de justiça e comece a realmente viver a vida que Jesus comprou para você através de Sua morte e ressurreição.

Graça, Graça e Mais Graça

"Seus piores dias nunca são tão ruins ao ponto de você estar fora do alcance da graça de Deus. E seus melhores dias nunca são tão bons ao ponto de você estar além da necessidade da graça de Deus."

— Jerry Bridges

Mas ele nos concede graça maior. Por isso diz a Escritura: "Deus se opõe aos orgulhosos, mas concede graça aos humildes".

— *Tiago 4:6*

Graça é o poder do Espírito Santo que nos é oferecido gratuitamente, permitindo-nos fazer com facilidade o que nunca poderíamos fazer sozinhos com qualquer quantidade de luta e esforço. A Bíblia nos encoraja a não receber apenas a graça, mas *mais* graça. Onde abunda o pecado, a graça superabunda (ver Romanos 5:20). Deus tem graça suficiente para satisfazer todas as nossas necessidades, mas precisamos pedir por ela e aprender a viver nela.

Quando tentamos trabalhar na carne, usamos nossa própria energia tentando fazer o que somente Deus pode fazer. As obras da carne produzem frustração e trabalho em oposição direta à graça. Nós realmente não podemos viver com um pouco de cada, porque elas se anulam mutuamente. Cada vez que me sinto frustrada lembro a mim mesma que não estou recebendo graça (a energia de Deus) para a tarefa do momento.

Frustração, complicação e aflição estão disponíveis em abundância, mas a graça de Deus também. Devemos nos humilhar debaixo de Sua mão poderosa, porque só o humilde obtém ajuda. Deus ajuda aqueles que se humilham e admitem que não podem fazer aquilo que precisa ser feito sem Sua ajuda.

A graça atinge nossas tendências malignas (ver Tiago 4:6). É a única coisa que pode nos transformar no que Deus deseja que sejamos, e Ele deseja que sejamos como Ele. Sua vida pode ser muito simplificada se você aprender a receber a graça em cada situação. Sem ela, todo o trabalho na vida e tudo mais se torna duro, difícil, e, geralmente, impossível.

81 Controle Sua Língua

"Os homens nascem com dois olhos, mas apenas uma língua, para que possam ver o dobro do que falam."

— Charles Caleb Colton

Guarde a sua língua do mal e os seus lábios da falsidade.

— *Salmo 34:13*

Coloque um freio na sua língua e pare de passar a vida dizendo tudo o que quer dizer e na hora que quer dizer. "Se alguém se considera religioso e não refreia a sua língua, engana-se a si mesmo. Sua religião não tem valor algum!" (Tg 1:26).

Reflita sobre esse texto bíblico e pense em quantas pessoas "religiosas" existem no mundo que não refreiam a sua língua. Falam de forma negativa o tempo todo; fazem fofoca, criticam, julgam, murmuram, reclamam e amaldiçoam. Vão à igreja, mas não têm nenhuma disciplina no que dizem. A Bíblia deixa muito claro que esta forma de religião é inútil.

Muitos dos nossos problemas estão enraizados em nossas próprias palavras. O poder da vida e da morte está na língua, e nós devemos estar satisfeitos com o resultado de nossas palavras (ver Provérbios 18:21). Eu o encorajo a ter cuidado com o que você diz. Quem nunca ofende no falar é um homem perfeito, capaz de dominar todo o seu corpo, controlar sua natureza, e, creio eu, influenciar seu destino (ver Tiago 3:2).

Você está insatisfeito com sua vida neste momento? Talvez você já tenha agora o que disse no passado. Você está pronto para oferecer sua boca a Deus para ser usada ao Seu serviço? Se estiver, então acredito que você está no caminho para uma vida melhor.

82 A Batalha pertence ao Senhor

"Não lutaremos nossas batalhas sozinhos. Há um Deus justo, que preside os destinos das nações, e que levantará amigos para lutar nossas batalhas por nós."

— Patrick Henry

O Senhor lutará por vocês; tão-somente acalmem-se.

— *Êxodo 14:14*

Complicação é frequentemente o resultado de não confiarmos em Deus para lutar nossas batalhas por nós. Os israelitas estavam entre o Mar Vermelho e o exército egípcio; era um lugar assustador para ficar. Estavam clamando e querendo fugir, mas Deus enviou uma mensagem por intermédio de Moisés, dizendo: "O Senhor lutará por vocês e vocês deverão manter sua paz *e* descansar."

Quando três exércitos vieram contra Josafá e o povo, sua primeira inclinação foi ter medo. Mas eles intencionalmente se afastaram para buscar a Deus, e Ele lhes disse: "Não tenham medo nem fiquem desanimados por causa desta grande multidão, pois a batalha não é de vocês, mas de Deus" (2 Cr 20:15).

Como você vê as batalhas; elas são suas ou de Deus? Lembre-se de não é o que acontece na vida que a torna tão complicada, mas é a nossa forma de abordar o que acontece que provoca estresse e conflitos. É a mentalidade que adotamos que determina se vamos experimentar a paz ou a agitação.

Quando Josafá começou a adorar a Deus, enviou cantores para cantar e outros foram nomeados para louvar. Logo os exércitos ficaram confusos e destruíram uns aos outros. Você quer viver na confusão ou prefere confundir o inimigo? Comece a adorar, louvar e cantar, e faça-o, especialmente, quando você tem um problema. Deus vai lutar suas batalhas por você e você poderá continuar a desfrutar de sua vida enquanto espera Sua vitória.

83 Evite Ambientes de Tentação

"Quando você fugir da tentação, não deixe o novo endereço."

— Autor desconhecido

Vigiem e orem para que não caiam em tentação. O espírito está pronto, mas a carne é fraca.

— *Mateus 26:41*

Acho que todos nós desejamos nunca ser tentados a fazer coisas erradas, mas isso não é a realidade. A Bíblia diz que a tentação deve vir, mas por quê? Se nunca fôssemos tentados a fazer as coisas erradas, nunca poderíamos exercer nosso livre arbítrio para fazer as coisas certas. Deus não quer que robôs ou fantoches O sirvam, Ele quer pessoas livres que optem por servi-lo. Ele coloca diante de nós a vida e a morte e nos orienta a escolher a vida (ver Deuteronômio 30:19).

No momento em que você se sentir tentado a fazer a coisa errada, diga não e fique longe da tentação. Se você teve um problema com o álcool no passado, não vá a bares planejando não beber álcool. Se você teve um problema com drogas e elas lhe forem oferecidas, não passe o dia com pessoas que usam drogas. Se você tem tendência a abusar de doces, não guarde biscoitos, bombons e bolos em casa.

Às vezes dizemos que não queremos fazer algo e pedimos a Deus para nos livrar, mas ainda assim continuamos a fazer provisão exatamente daquela essa coisa que nos tenta. Talvez a verdade seja que realmente não queremos nos libertar tanto quanto dizemos. Temos de ser honestos para com nós mesmos e perceber que a carne é fraca.

O apóstolo Paulo disse: "... não fiquem premeditando como satisfazer os desejos da carne" (Rm 13:14). Tire essas coisas de sua mente e de sua vista e você estará mais propenso a evitar a tentação.

84 Evite Pessoas que Falam Demais

"Aquele que fofoca com você, fofocará de você."

— Provérbio espanhol

Quem vive contando casos não guarda segredo; por isso, evite quem fala demais.

— *Provérbios 20:19*

As pessoas que falam demais costumam ter problemas; você é sábio se não participar disso; portanto, evitar essas pessoas ajuda a simplificar nossa vida.

Quando as pessoas não têm disciplina no que falam, geralmente não possuem disciplina em outras áreas também. É melhor para nós se tivermos estreitos relacionamentos com pessoas que vão nos estimular a elevar nossas escolhas. Passar muito tempo e abrir seu coração com aqueles que o puxam para baixo na vida não é sábio de jeito nenhum. Pense em quem são seus amigos e comece a realmente ouvi-los, porque você pode dizer muito sobre o caráter de uma pessoa escutando o que ela diz. Evite pessoas que fofocam. Se elas fofocam sobre alguém com você, elas também farão fofocas a seu respeito.

Quando as pessoas falam demais, muitas vezes não fazem o que disseram que iriam fazer, simplesmente porque não entenderam as consequências do compromisso antes de assumi-lo. Elas irão desapontá-lo repetidas vezes. Você ficará frustrado, mas você é a única pessoa que pode simplificar essa área de sua vida, evitando essas pessoas. Não estou sugerindo que sejamos rudes com ninguém, mas não podemos deixar que as pessoas baguncem nossa vida apenas para evitar ferir seus sentimentos.

Uma das melhores coisas que você pode fazer é escolher seus amigos com sabedoria. Guarde o seu coração com toda a diligência, pois dele procedem as fontes da vida (ver Provérbios 4:23). Eu simplifiquei muito minha vida ao fazer alguns ajustes com relação às pessoas com quem passo meu tempo.

85 Seja Generoso

"Toda a minha experiência no mundo me ensina que, em noventa e nove casos em cem, o lado seguro e justo de uma questão é o lado generoso e misericordioso."

— Anna Jameson

A quem dá liberalmente, ainda se lhe acrescenta mais e mais; ao que retém mais do que é justo, ser-lhe-á em pura perda. A alma generosa prosperará, e quem dá a beber será dessedentado.

—Provérbios 11:24–25, ARA

Uma das coisas mais sábias que qualquer um pode fazer é ser generoso. Quando ajudamos outras pessoas, nós realmente ajudamos a nós mesmos ainda mais. Experimentar a alegria de dar é o que chamo de vida real. A ganância rouba a vida, mas a generosidade a libera junto com uma alegria incrível. Passei muitos anos sendo infeliz e preocupada com o que poderia tirar da vida. Enquanto eu clamava a Deus, pedindo-lhe para me mostrar o que estava errado na minha vida, uma das coisas que Ele me ensinou foi como eu precisava ser mais generosa, em vez de avarenta.

Eu o encorajo a procurar oportunidades de ser uma bênção para os outros. Seja ativamente generoso! Não basta dar quando você sente que tem, mas sempre faça mais do que o necessário. Ande uma milha a mais, como a Bíblia ensina.

Ouvi a história de uma mulher que estava terrivelmente deprimida. Ela foi até seu pastor para aconselhamento e ele disse a ela que fosse para casa e assasse três fornadas de biscoitos, distribuindo-os naquela semana, e que voltasse na semana seguinte para uma outra reunião. A mulher nunca mais voltou, mas um domingo depois do culto, o pastor a viu e perguntou por que ela não havia retornado para sua reunião. Ela lhe disse que ficou tão feliz quando começou a assar os biscoitos e distribuí-los que conseguiu superar a depressão.

A depressão pode ser causada por uma série de coisas, mas acredito que uma delas é ser egoísta e mesquinho. Faça tudo que puder, quantas vezes você puder, por tantas pessoas você puder e você será muito mais feliz. Acredite ou não, ser generoso é muito mais simples do que ser egoísta.

86 Seja Sábio

"O conhecimento chega, mas a sabedoria demora."

— Alfred Lord Tennyson

Ouçam a minha instrução, e serão sábios. Não a desprezem.

— *Provérbios 8:33*

A Bíblia diz que a sabedoria é prazer e descanso para o homem de entendimento (ver Provérbios 10:23). Sabedoria é a escolha de fazer agora o que vai fazer você feliz mais tarde. Por exemplo, a sabedoria não gasta todo seu dinheiro agora, mas poupa um pouco para o futuro, sabendo que é sábio fazer isso. A sabedoria não adia o trabalho de hoje para amanhã, porque sabe que terá, então, dois dias de trabalho para fazer em um. A sabedoria não é uma procrastinadora, ela age.

Se você quiser simplificar sua vida, deve pensar no futuro e perceber que as escolhas que você faz hoje influenciarão o dia de amanhã. Algumas pessoas nunca são capazes de relaxar e aproveitar a vida porque todos os dias lidam com confusões que resultam do fato de não andar em sabedoria. Eu frequentemente ouço as pessoas dizerem: "Eu sei que não deveria fazer isso, mas...!" É insensato fazer coisas que sabemos que não deveríamos fazer quando tomamos a decisão de fazer. Como alguém pode esperar obter um bom resultado se a pessoa já sabe que está tomando uma decisão errada? As pessoas estão apostando que as coisas acabem dando certo assim mesmo, mas a sabedoria não joga, investe. Fazer as coisas certas agora pode não trazer prazer imediato, mas trará mais tarde. Algumas pessoas pagam um preço alto por uma emoção barata, mas você pode tomar uma decisão agora de não ser uma delas.

Nós possivelmente tomamos um milhão de decisões durante nossa existência, e quanto mais sábias elas forem, melhor será nossa vida. Simplificar sua vida exige que você realmente pense nas suas decisões antes de tomá-las. Enquanto você examina uma decisão que está tomando hoje, pergunte a si mesmo se realmente acredita que ficará feliz com os resultados dessa decisão mais tarde na vida. Se você não pode dizer que sim, então talvez seja hora de repensar essa decisão.

87 Cuidado Com as Distrações

"Ao triunfar sobre todos os obstáculos e distrações, pode-se chegar infalivelmente ao objetivo ou destino escolhido."

— Cristóvão Colombo

Mas, quando chegam as preocupações desta vida, o engano das riquezas e os anseios por outras coisas sufocam a palavra, tornando-a infrutífera.

— Marcos 4:19

Costumamos olhar para o diabo como o autor de nossa destruição, mas ele é realmente mais o autor de nossa distração. Se ele puder nos desviar de nosso propósito dado por Deus, pode fazer com que não produzamos nenhum fruto bom na vida. Deus é glorificado quando nós produzimos bons frutos, então, obviamente, o diabo quer fazer tudo que puder para evitar isso.

É fácil se distrair na vida, não é algo que temos de tentar fazer. Precisamos, no entanto, realmente nos disciplinar a fim de não nos distrairmos. Toda pessoa tem muitas exigências e expectativas colocadas sobre ela. Parece que cada pessoa na nossa vida espera algo e, com bastante frequência, ficamos confusos sobre como saber quando dizer sim e quando dizer não. Nossos cônjuges, amigos, pais, filhos, outros parentes, empregadores, governo, igrejas e os vizinhos, todos esperam que façamos coisas diferentes. Isso pode ser sufocante e cansativo.

Ao tentar satisfazer a todas essas expectativas, frequentemente acabamos nos desviando de nosso objetivo principal, que é seguir a vontade de Deus. Se você tem necessidade de agradar as pessoas, então sabe que não é muito difícil o diabo distraí-lo. Ele pode facilmente levá-lo a pessoas insatisfeitas, e fazer com que você passe sua vida tentando deixá-las felizes. Eu finalmente percebi que um grande número de pessoas que eu estava tentando deixar feliz já havia decidido que não iria ser feliz não importa o que fosse feito. Essas pessoas estavam de modo geral angustiadas, insatisfeitas, infelizes e sendo usadas pelo diabo para me deixar infeliz.

A Bíblia nos ensina a não ficarmos enredados ou distraídos, mas nos concentrarmos em Jesus (ver Hebreus 12:2). Lembre-se de que quanto mais você se concentrar em coisas verdadeiramente importantes na sua vida, mais simples a vida será.

88 Não se Ofenda Facilmente

"Seu coração era como uma planta sensível, que se abre para um momento no sol, mas se encolhe ao menor toque do dedo ou o mais leve sopro de vento."

— Anne Brontë

Meus amados irmãos, tenham isto em mente: Sejam todos prontos para ouvir, tardios para falar e tardios para irar-se.

— *Tiago 1:19*

Uma pessoa sábia ignora um insulto. Certa vez ouvi uma história sobre Kathryn Kuhlman, uma mulher com um ministério de milagres absolutamente maravilhoso. Qualquer um exposto à opinião pública irá inevitavelmente lidar com pessoas que julgam, criticam e até mesmo dizem e publicam coisas que não são verdadeiras. Isso acontecia com a Srta. Kuhlman frequentemente, mas ela se recusava a ficar ofendida porque sabia que seria prejudicial ao seu relacionamento com Deus. Ela também percebeu que aceitar e reter uma ofensa iria roubar a sua alegria e isso não lhe faria nenhum bem.

Deus promete ser o nosso vingador, se fizermos as coisas à Sua maneira, e Seu caminho é o perdão. As pessoas muitas vezes perguntavam à Srta. Kuhlman como ela conseguia ser simpática com os indivíduos que falavam coisas horríveis sobre ela, e ela respondia, dizendo: "Oh, nós simplesmente damos a entender que nunca aconteceu."

Alguém feriu seus sentimentos recentemente? Você está ofendido? Você precisa perdoar alguém?

Se a sua resposta a qualquer uma destas perguntas for sim, então recomendo enfaticamente que você faça o que a Bíblia diz para fazer. Ore por seus inimigos, abençoe e não amaldiçoe. Tome uma decisão de perdoar e confiar em Deus para curar suas emoções feridas. Se você vir a pessoa que o magoou, faça o seu melhor para ser amigável e tratá-la da maneira que você honestamente acredita que Deus faria. Quanto mais rápido você perdoar, é menos provável que tenha uma raiz de amargura em seu coração e mais simples sua vida será.

89 Não Seja Tão Duro Com Você Mesmo

"Abandone o bastão, pegue uma pena."

— Autor desconhecido

Tomem sobre vocês o meu jugo e aprendam de mim, pois sou manso e humilde de coração, e vocês encontrarão descanso para as suas almas.

— *Mateus 11:29*

Você é rápido para julgar e criticar a si mesmo? Se assim for, recomendo que você leia Mateus 11:28-30. Jesus disse que Ele não é áspero, duro, severo e crítico, mas Ele é humilde, gentil, manso e dócil. Se Deus não é duro para conosco, então nós não precisamos ser tão duros para com nós mesmos. Você precisa de uma segunda chance? Deus deu uma a Jonas e uma a Pedro, então, por que não estaria disposto a lhe dar uma também?

Peça a Ele uma segunda chance ou uma terceira, quarta, quinta ou qualquer coisa que você precisa. Deus é cheio de misericórdia e muito paciente. Sua bondade nunca falha ou chega ao fim. Se mantivermos um inventário de todos os nossos defeitos e falhas, iremos nos sentir oprimidos. Jesus veio para levar as nossas cargas, mas devemos estar dispostos a crer que Ele é maior do que nossos erros. Eu não creio que Deus seja tão difícil de agradar quanto costumamos pensar. Afinal, não somos uma grande surpresa para Ele. Ele sabia tudo sobre cada um de nós quando nos convidou para ter um relacionamento com Ele. Se sua vida parece complicada, então talvez você simplesmente esteja sendo demasiadamente duro consigo mesmo. Dê a si mesmo uma chance. Talvez, se você receber mais misericórdia de Deus para si mesmo, será capaz de estender a misericórdia para os outros também.

Deus vê seu coração e está sempre disposto a trabalhar com alguém que se recusa a desistir. Continue persistindo e não se esqueça de deixar o que está no passado para trás. Pode ser o passado de dez anos atrás ou até mesmo de cinco minutos atrás. A ideia é: se é passado, então você tem de deixá-lo para trás e seguir em frente.

90 Nunca é Tarde Para Começar de Novo

"Como é maravilhoso que ninguém precise esperar um único momento antes de começar a melhorar o mundo."

— Anne Frank

Graças ao grande amor do Senhor é que não somos consumidos, pois as suas misericórdias são inesgotáveis. Renovam-se cada manhã; grande é a sua fidelidade!

— *Lamentações 3:22–23*

Desesperança é um fardo que nenhum de nós precisa suportar, porque, com Deus, nunca é tarde demais para começar de novo. Ele é o Deus dos novos começos. Jonas foi à direção oposta daquela dada por Deus, mas Ele permitiu que Jonas tivesse um novo começo, logo que admitiu seu erro.

Nunca é tarde demais para orar e pedir a ajuda e o perdão de Deus. O diabo quer que fiquemos sem esperança. Ele ama as palavras "nunca" e "fim." Ele diz: "Este é o fim de tudo. Você estragou tudo e nunca mais vai conseguir superar suas escolhas ruins." Devemos nos lembrar de olhar para a Palavra de Deus a fim de obter a verdade, porque o diabo é um mentiroso.

A Bíblia é cheia de histórias de pessoas que experimentaram novos começos. Receber Jesus como nosso Salvador é o novo começo decisivo. Tornamo-nos novas criaturas com uma oportunidade de aprender uma nova maneira de viver. A Bíblia diz em Efésios 4:23 que devemos ser constantemente renovados em nossa mente e em nossas atitudes. Se você já considerou ou manifestou uma atitude, pensando que era tarde demais para ter uma vida boa, bons relacionamentos ou esperança para o futuro, então você precisa renovar sua mente imediatamente. Opte por pensar de acordo com a Palavra de Deus e não como você se sente. Ninguém é um fracasso a menos que decida parar de tentar. A vida fica muito mais doce e mais fácil se vivermos com a atitude que diz: "Farei o meu melhor hoje, e eu confio que Deus fará o resto. Amanhã vou começar de novo e nunca vou parar ou desistir."

Seja Como Uma Criança

"Fé é a confiança indescritível em Deus, a confiança que nunca imagina que Ele estará ausente."

— Oswald Chambers

Em paz me deito e logo adormeço, pois só tu, Senhor, me fazes viver em segurança.

— *Salmo 4:8*

Se você quiser ter uma vida mais simples, deve aprender a desenvolver uma vida mais confiante. Muitas vezes nós não nos permitimos confiar. Não confiamos nos nossos cônjuges, não confiamos nos nossos filhos, e, se formos honestos, muitas vezes, nós realmente não confiamos em Deus para fazer o que Ele diz que fará.

Geralmente, as crianças não têm este problema de desconfiança. É por isso que sobem e se penduram nos galhos mais altos das árvores, correm a todo vapor até morros íngremes e mergulham de altos trampolins nos braços de seus pais. Elas confiam que seus pais estarão lá para pegá-las, ou, pelo menos, apanhá-las se caírem. Este é o mesmo tipo de confiança que Deus quer de nós.

A pessoa que confia em Deus sabe que mesmo que as coisas não saiam do jeito que ela espera, de qualquer maneira Deus terá um plano melhor do que o dela. Deus tem o futuro todo planejado, e Ele sabe a resposta para tudo. Sua Palavra nos promete que Ele cuidará de nós *se* confiarmos Nele (ver Salmo 37:5).

Quando nós não nos permitimos confiar em Deus, deixamos que o medo e a preocupação entrem e se estabeleçam em nossa vida. No entanto, ao colocar nossa confiança Nele, removemos essas dúvidas, e então podemos olhar para Deus, confiar em Sua fidelidade e ficarmos seguros de que Ele não vai nos desiludir ou decepcionar. Se nós não entregarmos nossa confiança a Deus de forma ativa, iremos assumir fardos que nunca foram feitos para suportarmos sozinhos.

Confiar em Deus traz um descanso sobrenatural para nossa alma, nos permitindo viver de forma simples e livre, da maneira que Ele quer que vivamos. Confiança não surge simplesmente em nossa vida, mas cresce à medida que damos passos de fé e experimentamos a fidelidade a Deus. Peça a Deus para ajudá-lo a desenvolver uma profunda confiança Nele a fim de que Ele possa mostrar tudo o que tem planejado para sua vida.

A Pessoa que Vive Dentro de Você

"Mantenha seu coração puro. Um coração puro é necessário para vermos Deus uns nos outros. Se vocês veem Deus uns nos outros, existe amor uns pelos outros, então há paz."

— Madre Teresa

Agora que vocês purificaram a sua vida pela obediência à verdade, visando ao amor fraternal e sincero, amem sinceramente uns aos outros e de todo o coração.

— 1 Pedro 1:22

Todos nós temos alguém que vive dentro de nós. Ele é chamado de o homem oculto do coração, e se vamos desfrutar a vida, precisamos gostar dessa pessoa. A importância de um coração honesto não pode ser superestimada. Deus vê o coração do homem; Ele despreza um coração mau, mas ama um coração justo. Deus se agrada de uma pessoa que quer fazer o que é certo ainda que nem sempre tenha êxito. Creio que Deus prefere ter alguém com um coração honesto que cometa erros, do que alguém que tenha um desempenho perfeito, mas possui um coração mau.

Deus também se agrada de um coração pacífico, que não fica ansioso ou aborrecido. Ter paz em nosso coração demonstra que confiamos verdadeiramente em Deus em todos os assuntos que dizem respeito à nossa vida. Quando nosso coração se inclina para um caminho dentro de nós, mas ignoramos esse sinal e desejamos experimentar um outro caminho ou agimos de uma maneira que não condiz com quem realmente somos, isso torna a vida muito complicada. Temos de fingir em tudo, o que certamente impede que a vida seja simples. Alguma vez você já ouviu a expressão "Puro e Simples"? Eu costumava manter uma placa na minha mesa com essa afirmação porque queria lembrar a mim mesma disto: se quisesse ter uma vida simples, eu tinha de manter um coração puro.

Conheça o homem oculto em seu coração. Faça uma autoanálise e pergunte a si mesmo se o que você mostra às pessoas é o seu eu verdadeiro ou alguém que você inventou. Se você precisa de uma mudança, então comece por pedir a Deus para purificar seu coração. Comece examinando seus pensamentos e atitudes. Enfrentar a verdade nem sempre é fácil, mas é o começo de uma vida realmente digna de ser vivida.

93 Não Fique Desanimado

"Constância, perseverança e persistência, apesar de todos os obstáculos, do desânimo e das impossibilidades: é isso que em todas as coisas distingue a alma forte da fraca."

— Thomas Carlyle

Por isso não desanimamos. Embora exteriormente estejamos a desgastar-nos, interiormente estamos sendo renovados dia após dia.

— *2 Coríntios 4:16*

Os bebês aprendem a andar dando um passo de cada vez e, enquanto aprendem, frequentemente caem. Este processo ocorre repetidamente, até que, finalmente, aprendem a andar. Se eles ficassem tão desanimados a ponto de deixar de tentar, nunca aprenderiam a andar. Nós podemos desanimar, mas quando isso acontecer, devemos nos lembrar de que todos passam pelos mesmos tipos de coisas. Essas coisas muitas vezes são planejadas para examinar nosso caráter e fé. Será que vamos desistir ou vamos nos levantar e tentar de novo? A Bíblia diz que o homem justo cai sete vezes e ergue-se novamente. Como você pode ver, até os justos caem! Nenhum de nós demonstra perfeição enquanto se encontra no corpo carnal.

Quando Deus nos dá instruções, muitas vezes nos mostra apenas um passo a dar. É natural para nós desejar o projeto inteiro, mas não é assim que Deus trabalha. Se dermos aquele passo, então nos é dado outro e outro, até que finalmente cheguemos ao nosso destino. Muitas pessoas se recusam a dar um passo até acharem que têm todo o seu futuro desvendado; essas são as pessoas que geralmente terminam com fracassos na vida.

Mesmo aquelas pessoas dispostas a dar esses importantes passos, um passo de cada vez, irão cometer erros e terão de tentar novamente. Aquelas que ficam desanimadas consigo mesmas e desistem em algum momento ao longo do caminho terão vidas infelizes, infrutíferas. Mas não tem de ser assim. Se dizemos que confiamos em Deus, devemos confiar Nele por todo o caminho. O destino não é tão importante quanto a viagem.

O desânimo é complicado, porque ele vem com um monte de outras emoções negativas. A fé, por outro lado, é muito simples. Nós fazemos o que podemos fazer e confiamos em Deus para fazer o que não podemos. Essa atitude nos deixa livres para aproveitar a vida e é a atitude que Deus deseja que tenhamos.

94 Seja Um Prisioneiro da Esperança

"A esperança é a coisa com penas que pousa na alma e canta uma canção sem palavras e nunca para."

— Emily Dickinson

Voltem à sua fortaleza, ó prisioneiros da esperança; pois hoje mesmo anuncio que restaurarei tudo em dobro para vocês.

— *Zacarias 9:12*

A Bíblia menciona os prisioneiros da esperança (ver Zacarias 9:12). O que é isso? Penso que é alguém que absolutamente se recusa a deixar de ter esperança, não importa o quão desesperadora seja sua situação. Os prisioneiros da esperança são levados e presos à esperança; simplesmente não conseguem ficar longe dela. Eles devem esperar em Deus e acreditar que algo bom vai acontecer.

Creio que Abraão deve ter sido um prisioneiro da esperança. A Bíblia nos diz que ele não tinha nenhuma razão humana para ter esperança, mesmo assim esperava, em fé, que a promessa de Deus iria se manifestar em sua vida. A esperança que se retarda deixa o coração doente e leva à depressão, desânimo e desespero. Quando você tem esperança, intencionalmente se torna positivo em seus pensamentos e atitudes. A esperança também fala de forma positiva. A esperança acredita que todas as coisas são possíveis para Deus e aguarda boas notícias a qualquer momento. A esperança diz: "Alguma coisa boa vai acontecer para mim hoje."

Uma atitude positiva torna a vida mais simples. Alivia a pressão e coloca um sorriso em seu rosto. É a atitude que Deus deseja que tenhamos para que Ele possa trabalhar Sua vontade em nossa vida. Se vamos caminhar com Deus, devemos concordar com Ele. Afinal, Ele conhece os pensamentos e planos que tem para nós, pensamentos de prosperidade e de paz, para nos dar esperança no nosso resultado final (ver Jeremias 29:11).

95 Resista ao Diabo

"A pior coisa do mundo é o diabo."

— Henry Ward Beecher

Portanto, submetam-se a Deus. Resistam ao Diabo, e ele fugirá de vocês.

— *Tiago 4:7*

A Palavra de Deus nos ensina que, se nos submetermos a Deus e resistirmos ao diabo, ele fugirá de nós (ver Tiago 4:7). Se não resistirmos às mentiras e tentações do diabo, ele acabará por nos governar em todas as áreas. Ele é um inimigo agressivo e não devemos ser passivos quanto a lhe resistirmos.

O diabo quer que nossa vida seja triste e complicada. Ele quer roubar nossa alegria, paz e todas as coisas boas que Jesus morreu para nos dar. Decida hoje exercer seus direitos como um filho de Deus e aproveitar a vida que Ele quer que você tenha. Muitas vezes pensamos que se alguma coisa é a vontade de Deus para nós, ela irá simplesmente acontecer automaticamente, mas isso não é verdade. Precisamos exercitar nossa fé, que inclui resistir ao diabo.

Se você ouvisse alguém invadir sua casa no meio da noite, simplesmente deitaria na cama, supondo que Deus iria cuidar disso? Não, claro que não. Você iria saltar da cama, pegar algo para usar como proteção, oraria e tentaria pedir ajuda. Se precisasse, iria proteger de forma agressiva você e sua família do intruso. Por que não se comportar da mesma maneira quando o diabo tenta invadir nossa vida e roubar o bom plano de Deus?

É hora de ser mais agressivo. Se permanecermos *no* ataque não iremos passar muito tempo *sob* ataque. Lembre-se de que Deus em você é maior do que qualquer inimigo que você tem. A única coisa a fazer é resistir ao diabo em seu ataque. Quanto mais tempo você esperar, mais sua posição ele irá firmar.

96 Permaneça Espiritualmente Forte

"Às vezes, o milagre de mover montanhas é Deus conceder-lhe forças para continuar escavando."

— Shane Littlefield

O espírito do homem o sustenta na doença.

— *Provérbios 18:14*

Não espere até que você esteja no meio de uma provação terrível para tentar ficar rapidamente forte no espírito. Não é assim que funciona. Você deve construir suas reservas ao longo do tempo, passando o tempo necessário com Deus regularmente, orando e estudando a Sua Palavra. É tolice esperar até que você precise pegar algo pesado e, então, rapidamente tentar criar alguma musculatura. Você não começaria a frequentar a academia um dia e esperaria levantar três vezes o seu peso no dia seguinte. Sabemos que temos de desenvolver músculos para pegar coisas pesadas, e também deveríamos saber que devemos desenvolver a força espiritual para suportar as provações da vida, sem enfraquecer.

Descobri que se eu ficar espiritualmente forte, muitas coisas já não me incomodam, e, em alguns casos, essas eram coisas que já me aborreceram por dias em uma época. Eram capazes de me perturbar, porque eu não era forte o suficiente em Deus para resistir adequadamente a elas ou até mesmo olhá-las de uma maneira correta. Nossa atitude mental diante dos desafios da vida tem muito a ver com a forma como lidamos com eles e como eles nos afetam emocionalmente. Um homem na Bíblia chamado José foi vendido como escravo por seus próprios irmãos, mas disse que aquilo que o inimigo planejou para seu mal, Deus o tornou em bem (ver Gênesis 50:20). Ele teve uma atitude correta, porque tinha um ótimo relacionamento com Deus. Permaneceu espiritualmente forte o tempo todo e experimentou uma vitória após a outra.

Estar sempre sob condenação, ter um peso ou experimentar a perda da paz ou alegria é muito complicado e requer toda a nossa atenção. Pode parecer um trabalho duro ficar espiritualmente forte, mas na verdade é muito mais simples do que estar sempre se sentindo sufocado pelo que está acontecendo na vida. Fortaleça-se no Senhor e no Seu forte poder (ver Efésios 6:10).

97 Seja Fiel

"Quem é fiel para com algumas coisas é um senhor de cidades. Não importa se você pregar na Abadia de Westminster ou ensinar a uma classe desregrada, desde que você seja fiel. A fidelidade é tudo."

— George MacDonald

Muitos se dizem amigos leais, mas um homem fiel, quem poderá achar?

— *Provérbios 20:6*

Ser fiel e ver as coisas através da conclusão é algo que poucas pessoas parecem saber como fazer. Pode-se pensar que desistir de algo é mais fácil, mas a verdade é que não ser fiel aos compromissos realmente pode complicar a vida. Pessoas infiéis acabam com um monte de projetos inacabados e com uma vida de constantes mudanças de emprego, igreja, relacionamentos e outras decisões importantes. Na realidade, todas essas mudanças acabam sendo mais difíceis do que se as pessoas fossem fiéis em começar e terminar o que iniciaram.

Mesmo quando se trata de casamento, muitas pessoas desistem quando as coisas se tornam difíceis; elas se divorciam e logo se casam com uma outra pessoa e o ciclo começa de novo. Eu sempre digo às pessoas para se lembrarem de que, mesmo que a grama seja mais verde do outro lado, ela ainda precisará ser cortada. O fato é que qualquer relacionamento que valha a pena apresentará algumas imperfeições e irá necessitar de algum trabalho. Se não conseguimos trabalhar com o conflito, nunca teremos bons relacionamentos.

Se Dave tivesse desistido de mim nos primeiros anos de nosso casamento, eu não poderia estar ensinando a Palavra de Deus em todo o mundo atualmente. Muitas pessoas são aquilo que chamo de "diamantes brutos." Elas têm uma tremenda capacidade, e tudo que precisam é de alguém que fique com elas enquanto estão sendo moldadas e polidas. Deus é fiel e precisamos ser como Ele. Eu encorajo você a orar bastante e intensamente antes de desistir de qualquer coisa. Pode haver poucas vezes na vida em que desistir é a única opção, mas muitas vezes, desistir é um engano do diabo para nos deixar frustrados e infelizes. Permaneça fiel ao que você prometeu fazer e acredito que Deus irá recompensá-lo por isso.

98 Examine Sua Atitude

"Qualquer coisa positiva é melhor do que nada negativo."

— Elbert Hubbard

Nele porei a minha confiança.

— *Hebreus 2:13*

Qual é a sua visão da vida? Com qual mentalidade você aborda a vida? Quero lembrá-lo de algo que eu disse anteriormente neste livro: *nosso problema não é a vida em si, é a nossa abordagem perante a vida que nos causa mais dificuldade.* Duas pessoas podem ter o mesmo problema e uma será feliz e a outra ficará deprimida e infeliz. Isso me diz que o que está errado não é o problema em si; é a forma como o problema é visto — a abordagem — que faz a diferença.

Nossa abordagem perante a vida é nossa própria decisão, e ninguém pode nos tornar infelizes se decidirmos que vamos ser felizes. Se alguém que conhecemos faz uma má escolha, isso não significa que temos de ficar tristes. Talvez eu tenha dado o meu melhor em uma situação, mas um amigo ainda está irritado e insatisfeito. Sua atitude ruim significa que agora tenho de perder minha alegria? Não, claro que não! Mas eu terei de *decidir* não deixá-lo roubar minha alegria, caso contrário ele o fará. As pessoas decidem como irão abordar a vida, e devo fazer isso também. Elas podem decidir acreditar no pior, mas eu ainda posso decidir acreditar no melhor. Não é preciso ser um gênio para saber qual de nós vai ser feliz e aproveitar a vida.

Deixe-me perguntar de novo: qual é a sua visão da vida? Você é positivo, sempre acreditando no melhor, e pronto para mostrar misericórdia e perdão para com aqueles que o magoaram? Ou você está deprimido, desanimado e descontente, porque tudo não correu do jeito que você esperava? Escolha suas batalhas sabiamente e você poderá desfrutar de uma vida de simplicidade. É mais fácil ter uma visão positiva do que ter uma negativa.

Com a Humildade Vêm a Paz e o Poder

"Se você deseja o amor de Deus e do homem, seja humilde, pois o coração orgulhoso não ama ninguém senão a si mesmo, não é amado por ninguém além de si mesmo. A humildade se sobressai onde nem a virtude, nem a força, nem a razão podem prevalecer."

— Francis Quarles

Ao servo do Senhor não convém brigar mas, sim, ser amável para com todos, apto para ensinar, paciente.

— *2 Timóteo 2:24*

A animosidade é uma intromissão entre os indivíduos que abre uma porta para que o diabo traga destruição. É uma emoção negativa, que complica a nossa vida e fere nosso coração e o coração dos outros.

Uma das maneiras de evitar a animosidade é ficar longe de frivolidades e controvérsias sem fundamento. Quando uma pessoa sente a necessidade de sempre dizer a todos o que pensa que sabe, prova que realmente não sabe nada. Se soubesse, estaria ciente de que precisa ouvir mais do que falar. A Bíblia diz que a controvérsia só vem pelo orgulho. Isso significa que as pessoas não podem brigar e discutir a menos que o orgulho esteja presente.

A humildade é a porta de entrada para uma vida simples, contudo poderosa, vivida com alegria. Humilhem-se debaixo da mão poderosa de Deus, para que Ele os exalte no tempo devido (ver 1 Pedro 5:6). Tenha a mesma atitude e disposição humilde que Cristo teve (ver Filipenses 2:5). A humildade dá mais valor a estar em paz do que tentar provar que se está certo. A humildade é a maior virtude e um traço de caráter que deve ser buscado ardentemente. É também uma porta aberta para a promoção e exaltação de Deus. Um servo de Deus que evita conflitos por ser humilde é alguém que vai desfrutar de uma vida de paz e poder.

Permita que a Disciplina Seja Sua Amiga

"O segredo da disciplina é a motivação. Quando um homem é suficientemente motivado, a disciplina cuidará de si mesma."

— Alexander Patterson

Pois Deus não nos deu espírito de covardia, mas de poder, de amor e de equilíbrio.

— *2 Timóteo 1:7*

A palavra *disciplina* normalmente faz as pessoas gemerem, mas ela realmente deveria ser vista como uma boa amiga que nos ajuda a obter o que queremos na vida. A disciplina nos ajuda a fazer aquilo que sabemos que deveríamos fazer, mas provavelmente não será feito sem ajuda. A disciplina nos ajuda! Você pode estar pensando: *Sim, mas com certeza dói*. Isso é verdade, mas também traz ordem, bons frutos e, com o tempo, liberdade.

Uma coisa que dói mais do que o aprendizado da disciplina é uma vida que é uma interminável e complicada confusão. A dor da mudança é sempre melhor do que a agonia de nunca mudar. Pergunte a si mesmo se você prefere se sentir mal e ser fraco por toda sua vida, ou em vez disso, disciplinar-se para se exercitar e desfrutar da sensação de ser forte e saudável. Você gostaria de continuar a comer porcarias e ter uma saúde ruim ou se disciplinar para mudar para um estilo de vida saudável e gozar de boa saúde e longa vida? Você gostaria de estar sem dívidas e ser capaz de pagar em dinheiro o que precisa? Então você deve se disciplinar para viver dentro de seus recursos econômicos. Gostaria que sua casa estivesse arrumada, limpa e em ordem? Se você respondeu *sim,* então deve se disciplinar para mantê-la dessa maneira. Isso não vai acontecer de nenhuma outra forma.

Joyce Meyer é uma das líderes no ensino prático da Bíblia no mundo. Renomada autora de *best-sellers* pelo *New York Times*, seus livros ajudaram milhões de pessoas a encontrarem esperança e restauração através de Jesus Cristo.

Através dos *Ministérios Joyce Meyer*, ela ensina sobre centenas de assuntos, é autora de mais de 80 livros e realiza aproximadamente quinze conferências por ano. Até hoje, mais de doze milhões de seus livros foram distribuídos mundialmente, e em 2007 mais de três milhões de cópias foram vendidas. Joyce também tem um programa de TV e de rádio, *Desfrutando a Vida Diária*®, o qual é transmitido mundialmente para uma audiência potencial de três bilhões de pessoas. Acesse seus programas a qualquer hora no site www.joycemeyer.com.br

Após ter sofrido abuso sexual quando criança e a dor de um primeiro casamento emocionalmente abusivo, Joyce descobriu a liberdade de viver vitoriosamente aplicando a Palavra de Deus à sua vida, e deseja ajudar outras pessoas a fazerem o mesmo. Desde sua batalha contra um câncer no seio até as lutas da vida diária, Joyce Meyer fala de forma aberta e prática sobre sua experiência, para que outros possam aplicar o que ela aprendeu às suas vidas.

Ao longo dos anos, Deus tem dado a Joyce muitas oportunidades de compartilhar seu testemunho e a mensagem de mudança de vida do Evangelho. De fato, a revista *Time* a selecionou como uma das mais influentes líderes evangélicas dos Estados Unidos. Sua vida é um incrível testemunho do dinâmico e restaurador trabalho de Jesus Cristo. Ela crê e ensina que, independente do passado da pessoa ou dos erros cometidos, Deus tem um lugar para ela, e pode ajudá-la em seus caminhos para desfrutar a vida diária.

Joyce tem um merecido PhD em teologia pela Universidade Life Christian em Tampa, Flórida; um honorário doutorado em divindade pela Universidade Oral Roberts em Tulsa, Oklahoma; e um honorário doutorado em teologia sacra pela Universidade Grand Canyon em Phoenix, Arizona. Joyce e seu marido, Dave, são casados há mais de quarenta anos e são pais de quatro filhos adultos. Dave e Joyce Meyer vivem atualmente em St. Louis, Missouri.